元宇宙

新时代新商业新场景

赵广义 ◎ 著

电子工业出版社·

Publishing House of Electronics Industry

北京·BEIJING

内 容 简 介

本书以元宇宙为切入点展开论述，全面讲述了元宇宙时代下的商业、科技、消费变革。在内容方面，本书详细讲解了元宇宙的基本概况、支撑技术、生态版图、落地实践等，分析了元宇宙是如何成为当下风口的原因。

同时，本书从落地实践角度思考，从游戏、社交、教育、会议、医疗、营销、经济、虚拟数字人等多行业、多角度分析了各行业对元宇宙的探索，讲述了很多成功实践的案例及产品设计理念。本书提出了诸多新技术机会和新商业机会，并探讨了行业与个人应该如何抓住这一机会。

元宇宙带来的将是一场巨大的生产力变革，我们只有调整思路，抓住机遇，才能攫取风口上的机遇。

图书在版编目（CIP）数据

元宇宙：新时代新商业新场景 / 赵广义著. —北京：电子工业出版社，2022.2

ISBN 978-7-121-42848-7

Ⅰ. ①元… Ⅱ. ①赵… Ⅲ. ①信息经济 Ⅳ. ①F49

中国版本图书馆 CIP 数据核字（2022）第 021578 号

责任编辑：刘志红（lzhmails@phei.com.cn）
印　　刷：天津千鹤文化传播有限公司
装　　订：天津千鹤文化传播有限公司
出版发行：电子工业出版社
　　　　　北京市海淀区万寿路 173 信箱　邮编　100036
开　　本：720×1 000　1/16　印张：12.5　字数：200 千字
版　　次：2022 年 2 月第 1 版
印　　次：2022 年 2 月第 1 次印刷
定　　价：89.80 元

凡所购买电子工业出版社图书有缺损问题，请向购买书店调换。若书店售缺，请与本社发行部联系，联系及邮购电话：（010）88254888，88258888。

质量投诉请发邮件至 zlts@phei.com.cn，盗版侵权举报请发邮件至 dbqq@phei.com.cn。

本书咨询联系方式：（010）88254479，lzhmails@phei.com.cn。

PREFACE　　　　　　　前　言

　　在技术发展、资本入局的推动下，元宇宙成为当下火爆的风口。VR 游戏平台 Roblox 在纽交所上市首日股价暴涨 54.4%；Facebook 改名 Meta，宣布全面向元宇宙公司转型；字节跳动斥资 1 亿元投资手机游戏研发商代码乾坤；腾讯独家代理 Roblox 中国区产品发行；中国移动通信联合会成立元宇宙产业委员会；韩国宣布将在地方政府中建立元宇宙平台。

　　元宇宙是早在 29 年前便出现的科幻概念。1992 年，尼尔·斯蒂芬森的小说《雪崩》中曾描述，人类通过数字替身，在虚拟空间中生活，这个空间托生于现实世界，又与现实世界平行。对这个虚拟空间的描述便是元宇宙概念最初的雏形。

　　当下，各大互联网厂商对元宇宙的角逐，让其成为炙手可热的新星。然而，元宇宙是否能带来人类世界的变革，还只是虚幻的概念，取决于它能否成为新的生产力。

　　罗马并非一天建成的，元宇宙也同样如此。科幻小说中的世界能否成为现实，我们还不得而知。但随着人工智能、虚拟现实、区块链、大数据、云计算等技术的日趋成熟，以及资本和创业者竞相对元宇宙相关赛道的投入，涉及元宇宙的生产力变革已经悄然发生了。

　　从前，在银行服务大厅中的是人工客服，现在换成了虚拟数字人；从前，工厂流水线需要雇佣许多生产工人，现在都换成了全自动的人工智能机器来运作；

从前，玩游戏只能按照固定模式操作，现在，玩游戏可以自由创作；从前，做广告只能请真人代言，现在可以选择虚拟偶像。

元宇宙相关技术的发展，让虚拟世界与现实世界不断融合，人们的娱乐、社交、工作、生活场景都发生了翻天覆地的变化。对于广大企业和创业者来说，这些变化既是挑战，也是机遇。生活场景改变了，用户的需求也就改变了，这意味着我们有了更多攫取财富的机会。

很多企业和创业者因为没有过硬的资本和技术积累，苦于不知怎样进入元宇宙领域。本书针对这些痛点，对元宇宙的落地思考进行了全面的讲述，包括如何从内容弯道超车、如何结合元宇宙做营销等。本书除了讲述元宇宙的理论外，还对诸多企业的实践案例进行了探讨，对元宇宙中可能存在的机会进行了分析，具有一定的指导性，能够帮助广大企业和创业者明确前进方向。

CONTENTS 目　录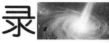

第 2 章
支撑底座：多技术支撑元宇宙发展

第 3 章
生态版图：从技术到应用全生态

第 4 章
发展风口：互联网的未来已来

第 5 章
市场现状：元宇宙赛道蓄势待发

第 6 章
多重入口：游戏+社交+教育+办公

第 7 章
虚拟数字人：人类进入虚拟世界的可行方案

第 8 章
交融生态：虚拟与现实叠加重合

第 9 章
开启营销新时代：数字化营销迎来爆发

第 10 章
打造新型经济体系：数字经济繁荣发展

第 11 章
挑战与期望：有担忧更有希望

第 12 章
落地思考：元宇宙中的机会

第 1 章

概述：元宇宙的进击之路

作为当前市场中十分火爆的概念，元宇宙吸引了许多企业和资本的目光。很多人想要探索元宇宙，却又感到茫然，那么，究竟什么是元宇宙？它具有怎样的价值？又是因何被推到风口浪尖的？

1.1 元宇宙：定义+核心要素

在思考元宇宙究竟是什么问题时，我们需要分析元宇宙的定义，并了解其核心要素是什么。作为一个完整的、与现实连通的虚拟世界，元宇宙在具备完整生态的同时，又能够带给人沉浸式的新奇体验，以及元宇宙内外的统一盈利。如果说之前是线上线下的盈利模式，那么几年之后，就会是两个平行宇宙之间的统一互融互进的盈利模式了。这也是阶层跨越的一次机会。

1.1.1 定义探讨：基于现实的虚拟世界

元宇宙这一概念最早出现在科幻作家尼尔·斯蒂芬森的小说《雪崩》中。斯蒂芬森在小说中描述了一个奇幻的完美世界：在这里，人们可以通过"Avatar"（数字化身）进入一个虚拟、三维的世界中生活。现实中的所有事物都可以通过数字化复制到这个虚拟世界。斯蒂芬森将这个虚拟世界定义为"Metaverse"（元宇宙）。

而后，《黑客帝国》《头号玩家》等电影都对这一虚拟世界进行了描绘。例如，在电影《头号玩家》中，导演史蒂文·斯皮尔伯格描绘了一个类似元宇宙的虚拟世界"绿洲"。

在这里，人们可以自由变换身份和外貌，随心所欲地做无法在现实中实现的事情。不论是功成名就的成功人士，还是在困境中苦苦挣扎的失败者，都可以在"绿洲"中找到别样的乐趣，轻松实现自己的梦想，更可以通过这个平行世界来提升自己的认知。人们可以随时"穿越"不同的博物馆、美术馆等，感受思维和艺术的碰撞，或化身成思维放空的"咸鱼"，在海滩上享受阳光。而人们与这个绚丽多彩、充满无限想象力的虚拟世界只隔着一套 VR（Virtual Reality，虚拟现实）设备。借助 VR 设备，人们可以轻松地从现实世界进入"绿洲"。

相较于书中或影视想象中的元宇宙，如今走进互联网行业的元宇宙被赋予了更为广泛的概念。它不只是一个单纯的虚拟空间，还与现实世界紧密连接，是一个基于现实的虚拟世界。

关于元宇宙是什么，不同的人给出了不同的观点。

游戏开发商 Epic Games 的 CEO 蒂姆·斯威尼认为，元宇宙是大规模参与式实时 3D 媒介，可以向人们提供实时游戏和社交互动体验，同时具备公平的经济系统，所有用户都可以参与创作，并获得奖励。

沙盒游戏公司 Roblox 的 CEO 戴夫·巴斯祖基表示，元宇宙包括身份、朋友、沉浸感、低延迟、多元化、随地、经济系统和文明 8 个特点。同时，元宇宙是由用户创造的，而 Roblox 则是工具和技术的提供者。

腾讯研究院的研究员徐思彦认为，元宇宙是一种持续、能被分享的虚拟世界。

在这个与现实空间平行的虚拟世界里，人们可以娱乐、社交、消费等，同时这些行为又可以和现实互相影响。在元宇宙中，人们可以完成现实世界中能够完成的大多数事情。

根据以上阐述，我们可以试着描述元宇宙的形态：元宇宙是基于现实世界的虚拟世界，可为用户提供丰富的沉浸式体验。用户除了是元宇宙的体验者之外，还是元宇宙的创造者，借助各种工具和技术，用户可以不断拓宽元宇宙的边界，丰富元宇宙中的生态。此外，元宇宙与现实世界相互连通，现实世界中的所有事物、关系、经济体系等都可以复刻到元宇宙中，同时，人们在元宇宙中的行为也会反映到现实生活中。

元宇宙是一种无限扩张的生态，它不会一夜之间出现，也不会由一家公司或一个国家运行，而是由多样的工具、平台及海量的用户所共建。当前，已经有不少公司在游戏与社交两个领域探索元宇宙，而在未来，元宇宙将在更多方面赋能我们的生活，加速数字化转型，改变人们的生活和工作方式。

1.1.2 核心要素：沉浸体验+内容生态+社交体系+经济系统

2021年8月，一部科幻巨作《失控玩家》上线，在引爆了观众观影热情的同时，也引发了更多人对元宇宙的思考。《失控玩家》中构建了一个现实世界和一个虚拟世界。现实世界中的人只要穿戴好VR设备，就可以进入虚拟世界，在这里体验不一样的人生。虚拟世界里的人们可以如同在现实世界中一样自由活动、交友或恋爱。同时，影片还展示了对元宇宙的想象：在元宇宙中，有自由体验虚拟世界的玩家，也有每天重复同样活动的NPC（Non-Player Character，非玩家角色）。

这样奇幻的虚拟世界勾起了很多人的好奇心，也让很多人开始思考真正的元宇宙究竟是什么样的。元宇宙的理想形态是一个能映射现实世界社会文明的超级数字社区。具体来说，元宇宙具有以下核心要素，如图 1-1 所示。

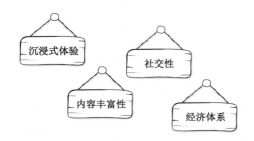

图 1-1　元宇宙核心要素

1. 沉浸式体验

元宇宙需要带给用户沉浸式体验，这种沉浸感不仅包括 VR 设备带来的动作、触感等方面的沉浸感，还包括无限趋近于真实的场景带来的沉浸感。当前，借助 VR 头显、动作捕捉设备等，用户已经能够在虚拟世界中奔跑跳跃、展现表情和动作等，并且现实世界中的展览、演唱会等已经能够被搬到虚拟世界中。未来，随着 VR/AR（Augmented Reality，增强现实）设备在拟真度上的突破，以及对更拟真场景的打造，将会给用户带来极致的沉浸式体验。

2. 内容丰富性

元宇宙是开源、可创造的，具有延展性，同时在用户自由创作、持续生产内容之下，元宇宙的边界将不断扩宽，内容也更加丰富多样。在内容不断创造、边界不断扩展的情况下，元宇宙才具有长久的吸引力，才能够实现自我进化。

3. 社交性

元宇宙的社交性表现得十分复杂，用户不仅可以将现实世界中的社交关系复刻到元宇宙，还可以借助虚拟身份在元宇宙中建立新的社交关系网。并且，元宇宙中的社交能够突破空间限制，形成的社交网也庞大。

4. 经济体系

元宇宙中存在完整的经济体系，用户能够在其中进行创作、交易，能够在其中工作，并获得报酬。当前，虚拟世界中已经出现了虚拟服装交易、数字艺术品交易等，同时随着技术的不断成熟，更多的交易类型和商业模式将在元宇宙中产生。最终元宇宙将重构现实世界中的经济系统，实现消费互联网的平行宇宙一体化。

1.2　广阔价值空间：为个人和社会带来新价值

元宇宙具有广阔的价值空间。人们可以把现实中的资产搬到元宇宙中，赋予其数字价值，也可以在元宇宙中创造出新的价值赋能给世界。同时，虚拟与现实的结合能够转变人们的工作和生活方式、娱乐和消费方式、创新方式和商业方式等，体现全新价值。

1.2.1　提供和扩大：虚拟和现实双重价值

在元宇宙中，人们可能会有这样一种体验：自己坐在家里办公，公司开会的时候只要借助 VR 设备就能够进入一个虚拟办公空间，来自世界各地的同事都以虚拟化身聚集在这里，大家可以自由地交流互动，传递资料。

这就体现了元宇宙的价值之一：提供价值。元宇宙能够带来虚拟世界和现实世界的高度融合，能够提升社会运转效率，改变人们在工作和生活中的交互方式。

事实上，在虚拟会议方面，Meta 已经做出了尝试。2021 年 8 月，Meta 推出了名为"Horizon Workrooms"的全息虚拟会议软件，用户可以佩戴 VR 头显进入软件工作界面，为自己制作一款虚拟化身，以 3D 卡通形象出现在会议中，如图 1-2 所示。

图 1-2　Horizon Workrooms 中的虚拟化身

全息会议的一大特色就是空间感。用户就像处于一个现实的房间中，可以自由走动。同时，用户还可以共享现实电脑中的 PPT，以虚拟大屏幕呈现 PPT，这能够带给用户更真实的演讲体验，如图 1-3 所示。

图 1-3　用户在 Horizon Workrooms 中做 PPT 演讲

　　在会议进行中，如果需要板书，用户也可以在虚拟屏幕上写写画画，和同事共同探讨方案细节。在结束会议后，这些板书也可以通过电脑导出。

　　Horizon Workrooms 展示了一种人们在虚拟世界工作的模式，虽然在虚拟化身的拟真度、VR 头显的支持时长等方面仍有很大的提升空间，但这种会议模式成功将现实中的会议搬到了虚拟世界中，打破了时间和空间限制，展现了巨大的价值。

　　除了提供价值之外，元宇宙还能够扩大价值。这指的是依据虚拟世界中对现实行业的重构，用户能够扩大自身价值。

　　2021 年 3 月，数字艺术家 Beeple 的数字作品《每一天：前 5000 天》在英国拍卖，最终以 6 934 万美元的价格成交，刷新了数字艺术品的拍卖纪录，如图 1-4 所示。

图 1-4　《每一天：前 5000 天》

　　这幅作品由 5 000 幅作品组成，是作者连续 5 000 天每天坚持创作一幅作品的大合集，因此，被命名为《每一天：前 5000 天》。该作品以 NFT（ Non-Fungible Token，非同质化货币 ）的形式拍卖，中标者会得到一个有作者签名的加密数字文件。

数字艺术品的火爆展示了价值的另一种展示方式：作者创作的作品不仅在现实世界中有价值，在虚拟世界中同样能够体现价值，作品的价值得到了扩大。元宇宙不仅能够为用户提供价值，还可以使现实中的资产获得虚拟和现实双重价值。

1.2.2 发掘和创造：提供广阔创作空间

元宇宙是基于现实的虚拟世界的，同时又带有很强的科幻色彩和想象力，提供了无限的创造空间，很多无法在现实世界中实现的事情都可以在元宇宙中实现。人们能够打破现实客观条件的限制，在元宇宙中重新发掘和实现自我价值。这意味着，元宇宙具有巨大的发掘价值。

以建筑为例，在现实世界中，建筑师往往受困于建筑设计的种种限制，无法自由地创作自己理想的建筑。但是在元宇宙中，建筑师就可以摆脱现实中的各种束缚，创作出理想的作品。

电影《头号玩家》中描绘了一个元宇宙的理想形态。在绿洲中，不仅有自由创作、探索的形形色色的人，还有各种光怪陆离的建筑，如图 1-5 所示。

图 1-5 《头号玩家》中的建筑

而在当前，受限于技术限制，绿洲中的城市无法在现实中再现，但是却可以出现在虚拟世界中。

巴塞罗那某组织曾邀请伦敦建筑工作室为其设计一座在虚拟世界中搭建的会议中心。该虚拟会议中心以巴塞罗那的建筑为设计灵感，如图1-6所示。

图1-6　虚拟会议中心

参会者可以选择自己的虚拟化身，然后跟随导航进入一个大型露天剧场参加会议，自由地与其他参会者交流。或许现在看来，这些建筑还显得有些粗糙，但是在未来，随着元宇宙技术的发展，我们能够进入一个如绿洲一般、亦真亦幻的虚拟世界。

除了基于现实价值进行深度发掘外，人们还可以基于元宇宙的运行系统、经济系统等，在元宇宙中创造新价值。

例如，沙盒游戏平台Roblox以其自由创造性吸引了大量玩家。玩家不仅可以体验基于平台搭建的不同的虚拟世界，还可以借助Roblox提供的工具自己创作游戏，并据此获得收入。一位名叫Coeptus的大学生就利用Roblox中的开发工具推出了自己创作的游戏*Welcome to Bloxburg*。

在推出此款游戏之后，Coeptus并没有做什么推广，但是随着第一批玩家的到来和玩家的推广，游戏吸引了大量玩家。*Welcome to Bloxburg*中有完善的经济系统，依托 Roblox 中通行的虚拟货币 Robux 运行。玩家可以用 Robux 购买游戏中的道具，而 Coeptus 可以因此获得收入。

这种在虚拟世界中运行的经济模式将会在未来的元宇宙中发展得更加成熟。元宇宙中的消费品可以是现实世界中转移的商品，也可以是在元宇宙中产生的新商品。这意味着，元宇宙能够创造价值，为人们带来新的总量经济。

1.2.3 新娱乐：新场景创造新方式

元宇宙为人们提供了一个广阔的虚拟空间，人们可以在其中获得丰富的、现实世界中难以实现的娱乐体验。并且，这种娱乐体验具备高沉浸度、自由度和拟真度。

当前，已经有很多公司在元宇宙娱乐方面进行了探索，通过创新娱乐形式，带给人们一种"类元宇宙"的体验。例如，游戏开发商 Epic Games 就在其产品《堡垒之夜》中融入了许多元宇宙元素。

《堡垒之夜》是一款定位为"动作""射击"的多人游戏，同时具备一定的创造性。玩家可以在游戏中为了成为最后的幸存者而战斗，也可以在其中创造自己梦想的虚拟世界。同时，玩家在游戏中会拥有虚拟身份，可以与其他玩家社交互动，获得沉浸式的游戏体验。这些都让《堡垒之夜》有了一定的元宇宙基因。

为了丰富游戏中的内容，《堡垒之夜》和复仇者联盟、漫威等多个 IP（Intellectual Propert，知识产权）联动，将电影中的诸多精彩人物形象引入游戏中。和诸多明星联动，在游戏中举办沉浸式演唱会；和《星球大战 9：天行者崛起》电影联动，在游戏中为玩家播放电影独家片段。

除了提供丰富的内容外，《堡垒之夜》还允许玩家进行创作，丰富游戏内容。《堡垒之夜》的一个玩家"FiveWalnut8586"就利用《堡垒之夜》中的创作工具搭建了一座赛博朋克城，如图 1-7 所示。在游戏厂商与玩家的双重发力下，《堡垒之夜》中的娱乐生态也更加丰富。

图1-7 《堡垒之夜》中玩家创作的城市

未来，随着元宇宙的逐步发展，其会承载更多的娱乐形式，甚至产生全新的娱乐形式。当前，现实世界中所有的娱乐形式都可以搬到元宇宙中，并且，借助各种创作工具，更多的人能够参与娱乐内容创作中来。

例如，如果想要在元宇宙中创作一款游戏，我们可以自由设计游戏中的 NPC、游戏脚本和道具等，也可以邀请其他玩家进入游戏体验或者创作。再如，如果想要创作一部元宇宙电影，我们可以设计人物、道具、场景等，甚至可以代入其中的角色，体验不一样的人生。元宇宙中蕴藏着无限的可能性，也将提供巨大的娱乐价值。

1.2.4 新消费：新形式升级新体验

元宇宙形成的核心要素之一就是拥有完善的、与现实连通的经济体系。同时，虚拟世界中的消费场景也大有不同，新的消费形式将带给人们全新的消费体验。

当前，依托全息投影、裸眼 3D 等技术，已经出现了一些沉浸式的消费场景。例如，必胜客就曾推出过"莫奈睡莲沉浸式餐厅"，将围绕《睡莲》设计的同系列甜品摆在对应位置，在全息投影技术的支持下，通过投影、灯光等营造出一种高度拟真的场景，莲瓣围绕甜品徐徐绽放，为消费者提供一种沉浸式体验。

这种尝试是在真实世界中打造一个拟真的虚拟世界，而元宇宙则更能突破局限，将人带入虚拟世界中的消费场景中。2021 年 5 月，Gucci 携手 Roblox 举办了一个存在于虚拟世界的虚拟展览，吸引了很多人的目光。

在进入展览会场后，参观者会获得一个虚拟化身，并可以自由地在多个场景中漫步，欣赏 Gucci 展出的产品，如图 1-8 所示。

图 1-8　虚拟展览中的虚拟化身

同时，在展览期间，Gucci 推出了几款限量产品，参观者可使用 Roblox 中的虚拟货币 Robux 购买。值得一提的是，由于限量产品的价格持续上涨且购买不易，限量产品一经推出就引发了人们的购买热情。

除了将现实中的消费场景搬到线上外，虚拟的消费品也应运而生。全球第一件虚拟服装"彩虹"诞生时曾引起了轰动，最终在拍卖会上以 9 500 美元成交，如图 1-9 所示。

图 1-9　虚拟服装"彩虹"

这并不是一件真实的衣服，而是用特效合成的虚拟服装。与其说它是一件服装，不如说是一个看起来很真实的服装滤镜。为什么这样的商品会获得人们的青睐？与其说是买一件衣服，不如说是买一种体验，人们愿意为了体验虚拟消费品而买单。同时，这种虚拟消费品虽然不能穿在身上，但是可以以照片的形式发布在社交平台中，这赋予了虚拟消费品一种社交价值。

当前人们在消费方面的尝试展现出了元宇宙在消费方面的发展方向。未来，随着元宇宙的搭建和成长，更多的消费场景将搬到元宇宙中，更多的虚拟消费品将出现，这将极大地提升人们的消费体验。

1.3 因何而起：为什么需要元宇宙

元宇宙这一概念自《雪崩》中诞生到现在，已经过了近 30 年。为什么到现在元宇宙才开始火爆？元宇宙被推到聚光灯下是多方作用的结果。VR/AR、AI（Artificial Intelligence，人工智能）等技术不断发展，而元宇宙正是一种融合了上述多种技术的生态。同时，Roblox 的上市让人们看到了其中潜在的巨大机会。此外，元宇宙的发展也契合了用户期待新体验的需求。在这些因素的共同作用下，更多的企业开始拥抱元宇宙。

1.3.1 技术渴望新产品：元宇宙为技术应用提供新场景

从技术方面来说，元宇宙为 VR/AR、AI 等技术提供了新的应用场景，从而激发了市场对于这些技术的需求。在元宇宙发展的刺激下，这些技术有了更广阔的发展空间。

以 VR 为例，在 VR 设备诞生之际，也曾受到过市场的追捧。当时市场中的一些高质量的 VR 设备以较高的硬件水准和开放的生态获得了用户的青睐。但 VR 行业的发展并不顺利，市场中出现的 VR 设备越来越多，同时质量和性能也显得参差不齐，无法保证所有用户都能够获得较好的 VR 体验。

同时，VR 内容的缺乏也阻碍了 VR 行业的发展。VR 行业的发展离不开 VR 内容的支撑，但较高的开发成本和较低的用户数量使得企业难以通过 VR 内容收回成本，同时较长的回本周期也削弱了企业开发 VR 内容的热情。在 VR 技术不断发展的现时期，即使 VR 设备的性能和质量日益提高，但因为缺少 VR 内容和应用场景的支撑，VR 产品的受众群体依然无法有效扩大。

在这种情况下，元宇宙就成了 VR 重获新生的契机。元宇宙概念的兴起刺激了 VR 设备的销量与市场。研究机构 Trend Force 集邦咨询发布的报告表示，元宇宙将推动更多厂商加入建设虚拟世界的队伍中，预估 2022 年全球 VR/AR 设备出货量将达到 1 202 万台，年增长率达 26.4%。

同时，元宇宙也激活了 VR 游戏，刺激了 VR 内容的生产。对元宇宙好奇的用户迫切地想体验元宇宙这一虚拟世界，而 VR 游戏就成了元宇宙的最佳呈现方式。越来越多的企业开始推出带有元宇宙性质的 VR 游戏，让用户能够在游戏中获得一种类似元宇宙的体验。这使得 VR 内容得以爆发式增长。

可以想象，随着元宇宙的搭建和发展，不止游戏，更多的场景将被搬到虚拟世界中，VR 设备也将覆盖更多的人群和更多的场景，这些都将推动 VR 行业的发展。同时，元宇宙是一种融合了多种技术的新生态，它的发展不止会为 VR 技术的落地提供新场景，也会同步激发 AI、5G 等技术的发展。元宇宙和各种先进技术的发展方向是契合的。

1.3.2 资本需要新出口：虚拟叠加现实进发商业潜能

2021 年 3 月，Roblox 第一次把元宇宙写进了招股书。其在招股书中写道："有些人将元宇宙称为'Metaverse'，该术语通常用于描述虚拟世界中持久的、共享的 3D 虚拟空间概念……随着功能越来越强大的计算设备、云计算和高带宽互联网连接的出现，Metaverse 的概念正在逐渐成为现实。"

作为资本市场中的"元宇宙第一股"，Roblox 上市首日即股价大涨，当日收盘后，其市值突破 380 亿美元。这并不是资本的一时冲动，在 Roblox 上市后，市值依然持续走高。

2021 年 11 月初，Roblox 发布了 Q3 财报。其中，显示公司收入同比增长102%，达到 5.093 亿美元。公司第三季度平均 DAU（Daily Active User，日活跃用户量）为 4 730 万人次，同比增长 31%。受财报影响，Roblox 股价一路飙升，截至 2021 年 11 月 17 日，Roblox 总市值已突破 700 亿美元。

为什么 Roblox 能够在资本市场中风生水起？这与其一直标榜的元宇宙概念密切相关。Roblox 本质上是一个沙盒游戏平台，但却融入了诸多元宇宙元素，这赋予了其产品无穷的魅力。

从元宇宙的沉浸式体验、内容生态、社交体系、经济系统等四个要素来分析，Roblox 在以上这些方面都做出了努力。

（1）沉浸式体验：Roblox 兼容 VR 设备，同时具有头部追踪、转换视角等功能，为用户提供更好的沉浸式体验。

（2）内容生态：Roblox 为用户提供多样的创作工具和丰富的素材库，鼓励玩家进行自由创作。用户可以根据自己的兴趣创作角色扮演、动作格斗等多种类型的游戏，并可以自行设计游戏的场景、道具、脚本等。

（3）社交体系：Roblox 具有很强的社交功能，用户可以在虚拟世界中与好朋友一起创作、体验游戏等，也可以结识新的朋友，甚至可以在虚拟世界中举办演唱会、生日聚会等，邀请朋友前来参加。

（4）经济系统：Roblox 中有一套完整的经济系统，覆盖内容创作与消费。其经济系统建立在虚拟货币 Robux 上。用户可以从其他 Roblox 用户和 Roblox 网站中购买 Robux，可以在游戏中消费 Robux，也可以通过设计道具、创作游戏等获得 Robux。同时，Robux 可以与现实世界中的货币兑换，用户可以将获得的 Robux 换成现实中的货币。

从以上内容来看，Roblox 已经具备了元宇宙的雏形，这也是资本市场看好 Roblox 的关键原因。而 Roblox 在资本市场中的火热发展让更多的企业看到了未来互联网行业发展的一个方向，看到了资本的新出口，于是纷纷押注元宇宙。新兴的游戏公司、VR 公司等借元宇宙的东风获得融资，而腾讯、字节跳动等互联网大厂投资动作不断，加速布局元宇宙领域。在互联网行业发展放缓的当下，各大巨头需要寻找一个新的增量市场进行布局，以进一步扩大自身的商业版图。

1.3.3 用户期待新体验：交互摆脱"拇指党"

当前，很多游戏、社交平台为了吸引用户，不断更新玩法，举办各种活动，丰富的内容的确能够吸引更多用户关注，但不可否认的是，当下很多内容都难以在交互方面突破。当下游戏中很常见的一种模式就是，玩家虽然获得了一个虚拟化身，但还是需要轮盘和各种动作键指挥虚拟化身动作，在与游戏中的其他玩家交互时，也只能依靠文字、图片、语音等传统的交互方式。虽然人身在虚拟世界中，但交互依然没有摆脱"拇指党"，难以在交互上获得新体验。

正因如此，突破以往交互方式的 VR 游戏、VR 社交吸引了大量用户的关注。例如，在 VR 社交平台 VRChat 中，用户可以自由地和其他用户沟通交流。借助全身追踪设备，用户还可以使用表情、手势、动作等和其他用户交互，甚至能够触碰其他用户。用户可以像在现实世界中一样自如地进行社交、上课、创作等。这一切都使得用户获得的交互体验更加真实。

VRChat 在交互体验方面的创新满足了用户对于交互新体验的需求，使得多样的互动形式得以出现在虚拟世界中。基于在这方面的优势，VRChat 吸引了众多来自世界各地的舞者，他们可以在 VRChat 中聚在一起斗舞比赛。此外，用户还可以在 VRChat 中看动漫，与来自世界各地的朋友一起讨论人物、剧情等，足不出户就可以和相同兴趣爱好的朋友聚在一起，自然地进行社交。

目前，VRChat 的注册用户已经突破 200 万个，同时在线人数突破 2.4 万个，并且其用户数量还在不断增长中。从 VRChat 的火热中，我们可以看出用户对于自然交互体验的热爱和期待，而元宇宙的发展能够满足用户的这一需求。未来，随着追踪技术和动作捕捉技术的升级、触觉互联网在元宇宙中的实现等，用户在元宇宙中的动作、表情等都将变得更加自然，交互也将更加实时、高效。

1.3.4 经济期待新增长：元宇宙将会成为经济新的增长点

从经济角度看，当下互联网中，传统的商业模式红利期逐渐消退，互联网经济需要一个新的增长点。而元宇宙则提供了一种解决方案，将成为经济新的增长点。

一方面，创作者经济会激发元宇宙经济的发展，创作者和平台之间的利益分配方式将会改变。当前，在中心化的平台中，平台掌握着大量的资源和信息，依靠信息不对称的优势，平台往往会在用户创作中获得更多利益。而元宇宙中的分发平台是去中心化的，平台只是内容和工具的提供者，创作者通过创作能够获得更多收益。

另一方面，元宇宙中的经济活动遵循分布式的商业原则。这意味着，元宇宙经济中将不再有股东概念，所有参与创作的用户都是利益相关者，而用户间利益分配的唯一原则就是付出多少。元宇宙经济是由所有用户共同创造并逐步发展的。

元宇宙给了人们付出多少创作努力，就会获得多少回报的机会。在公平的经济机制下，人们的创作热情将大大提高，可以更加积极地参与元宇宙共建中，从而推动元宇宙经济的形成和进一步发展。

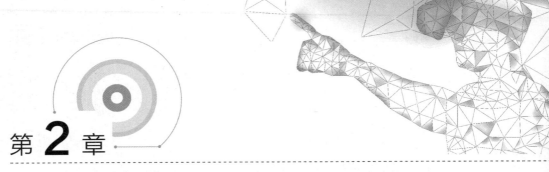

第 2 章

支撑底座：多技术支撑元宇宙发展

元宇宙的发展方向是形成一个和现实紧密联系的、无线扩展的虚拟世界，能够满足用户的奇幻体验和创作需求。而要想做到这些，就离不开先进技术的助力。游戏引擎能够创造出亦真亦幻的虚拟空间，5G与云计算等能够为海量数据的运行提供支撑，XR（扩展现实）技术是元宇宙的入口，区块链为元宇宙提供安全、稳定的系统。这些技术的融合应用能够推动元宇宙的发展。

2.1 游戏引擎：元宇宙开发的重要工具

元宇宙搭建于一个拥有海量交互内容和社交场景的虚拟空间中，而游戏引擎就是开发元宇宙、形成虚拟空间的必备工具。同时，游戏引擎还是用户参与元宇宙创作的重要工具，有利于形成庞大的 UGC 生态，最终推动元宇宙的形成。

2.1.1 游戏引擎是搭建元宇宙的重要基础

当前，玩家对游戏 3D 建模和拟真度的要求越来越高。基于此，游戏引擎作为 3D 建模的重要工具得到了越来越广泛的应用，其硬件性能也不断提升。游戏引擎不止应用于游戏开发中，还可以应用于电影、MV 等更多需要建模的场景中。例如，电影《大白的梦》就广泛应用了 3D 游戏引擎技术，创造出了各种天马行空的场景，如图 2-1 所示。

图 2-1 《大白的梦》中的场景

而在元宇宙的开发过程中，越来越多的场景将被搬入虚拟世界中，人们可以在虚拟世界中逛街、旅游、创造新的场景等。在整个现实世界虚拟化的过程中，游戏引擎发挥着重要作用。

游戏引擎在搭建虚拟场景时需要解决两个难点，分别是对物理规则的模拟和对光影色彩的高度还原。在这方面，游戏引擎也在不断地升级迭代中，展现更真实的实时渲染效果。在游戏引擎技术方面享有盛名的 Epic Games 始终致力于更先进的游戏引擎研发，并在 2021 年 5 月推出了升级后的虚幻引擎 5。更新后的引擎在实时渲染方面得以进一步发展，所创造出来的场景也更加真实。

同时，借助搭载的动态全局光照解决方案，虚幻引擎 5 能够对光照变化做出实时反映，并且无须专门的光线追踪硬件。在该技术的支持下，当创作者改变场景中的日照角度时，系统也会实时调整场景中的光照角度和光影效果等，使场景始终真实自然。

此外，游戏引擎还需要面向开发者，优化开发流程，降低开发门槛。例如，游戏引擎中可以加入更多的模块化功能，让开发者可以直接使用。在这方面，英伟达的实时协作模拟平台 Omniverse 就推出了 Audio2face 功能，可以根据音频自动智能生成和真人发声时一样的口型，避免了开发者调整面部动作的麻烦。

同时，在开发流程中，开发者往往会使用不同的建模软件。这些建模软件的数据格式并不相同，同步起来十分麻烦。为解决这个问题，Omniverse 平台支持各大建模软件通用的 USD（通用场景描述）数据格式，能够对接各种独立的游戏引擎和建模软件，使这些软件可以在平台上互联互通，交换建模、着色、动画、渲染等信息。

作为构建元宇宙的基础工具，未来，游戏引擎将继续朝着性能优化、操作简洁的方向发展，赋能开发者的创造活动。

2.1.2 游戏引擎搭建游戏 UGC 生态

元宇宙是一个边界不断扩张的虚拟世界，其发展的重要驱动力就是用户的不断创造。只有产生大量的 UGC（User Generated Content，用户生成内容），形成完善的 UGC 生态，元宇宙才能够不断向前发展。

以开放世界游戏为例，很多开放世界游戏在上线前经过了数年研发，创造出了地图庞大的开放世界，以供玩家自由探索。但开放世界并不是没有边界的，在地图有限的情况下，玩家的探索热情终有一天会消灭。为了解决这个问题，很多开放世界游戏的开发团队都会不时地进行游戏更新，扩张游戏的地图和玩法。

这无疑会对游戏团队造成巨大的压力，同时，游戏团队有限的产能也限制了游戏的边界。为了解决这个问题，当下已经有一些开放世界游戏接入了玩家自制游戏模组，玩家可以自行更换游戏中的道具、NPC、剧情等，体验游戏不一样的玩法。

PGC（Professional Generated Content，专业生产内容）的产能是有限的，只有融入 UGC 模式，才能够引爆内容。这对于元宇宙的持续发展来说是十分重要的。而游戏引擎就提供了一种 UGC 内容的落地方案，用户可以借助游戏引擎自由地进行内容创作。

以 Roblox 为例，其为用户提供了简易的游戏引擎，使得用户可以轻松地搭建虚拟空间，设计游戏的玩法、道具等，制作相对简单的游戏。虽然一些人认为 Roblox 中的很多游戏都有些粗糙，内容也相对简单，但不可否认的是，正是 Roblox 提供了简单易用的创作工具，让更多低龄用户也能够参与内容创作中来，Roblox 才实现了内容的爆发式增长，形成了多样的内容生态。

总之，低门槛的游戏引擎技术是吸引用户创作、搭建 UGC 生态的重要工具。以 UGC 生态打造 UGC 社区，更能形成元宇宙的生态雏形。

2.1.3　Unity 打造"交互式内容创作引擎"

当前，我们在隔着显示屏幕探索虚拟世界时，虚拟世界呈现出的是 2D 的数字内容。而在游戏引擎技术的发展和应用下，将会产生更多的 3D、实时、可交互的内容，人们离元宇宙也会越来越近。

在这种趋势下，以实时 3D 引擎而出名的 Unity 公司将成为搭建元宇宙的重要参与者。

Unity 的引擎业务覆盖了游戏、建筑、制造等多个领域。在游戏方面，《神庙逃亡》《王者荣耀》《原神》等游戏都是使用 Unity 引擎开发的。同时，在建筑、汽车制造领域，Unity 引擎可以在建筑设计、汽车设计等方面，为开发人员提供可视化设计方案，使其设计过程更加简洁、高效。

Unity 的引擎技术覆盖的领域十分广泛，这使得其成为元宇宙创作者的首选创作工具之一。Unity 将为元宇宙打造"交互式内容创作引擎"。

元宇宙的搭建离不开实时渲染技术的支持。而在这方面，Unity 引擎天然地可以参与元宇宙建设。Unity 的业务不止在游戏领域，早已成立了工业事业部。这不是简单的游戏引擎应用的延伸，而是针对工业领域各种需求提供个性化的解决方案。由此，Unity 不再是单纯的游戏引擎，而是拓展到了"交互式内容创作引擎"。

一方面，Unity 云服务大大降低了元宇宙的参与门槛，让更多用户能够参与元宇宙的建设中。随着元宇宙的搭建，用户将释放更多创作需求，Unity 也将持续提升技术和工具的易用性，让更多用户不受工具的限制，参与元宇宙的建设中。要想实现元宇宙，不仅要提供沉浸式的体验，还要让用户能够低时延地获得这些体验。其中至关重要的是，创作者如何更迅速地构建这些体验。元宇宙需要先进的数字基础设施作为支撑，而 Unity 云服务则能够为其提供适合的网络基础。

另一方面，Unity 的云端分布式算力方案以强大的 Unity 资源导入与打包能力助力元宇宙建设。2021 年 9 月，Unity 推出了云端分布式算力方案，该方案包含了个性化定制的引擎和各种云服务，可以帮助创作者提高开发效率和项目迭代效率。

总之，Unity 的引擎技术能够以超强的能力和适用性在多个行业落地。并且，随着引擎技术的不断升级、新的 Unity 产品和解决方案的出现，Unity 的业务将扩展到更多行业，为元宇宙的到来提供更多的技术支持。

2.2 通信基础：元宇宙流畅运行的支撑

元宇宙作为一个完整的内容生态和超级数字应用，需要接入大量的设备，支撑海量数据的运行。因此，需要强大的通信网络和算力作为支撑。在这方面，高速稳定、能够支持大规模设备连接的 5G 网络和强大的算力解决方案将成为搭建元宇宙的通信计算基础。

2.2.1 5G 落地，为元宇宙提供高性能网络

当前，市场上已经出现了一些具备元宇宙元素的产品，提供了一个可供创作、社交、游戏的虚拟空间，但在用户体验方面仍存在很多问题，如用户在登录时经常卡顿、在虚拟世界中的动作等存在较大时延等，影响了用户的沉浸式体验。而 5G 的出现和应用能够避免这些问题，为用户提供更优质、稳定的网络。

提到 5G，很多人都会想到它比当前的 4G 网络快，但这不是其唯一的特点。具体来说，相比 4G，5G 具有以下 4 个特点，如图 2-2 所示。

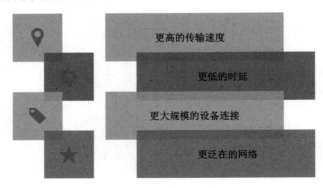

图 2-2　5G 的四个特点

1. 更高的传输速度

相比 4G，5G 在速度上有了很大提升。理论上来说，5G 的传输速度能够达到 10Gb/s，比当前使用的 4G 大约快百倍。这意味着，当前在使用 4G 时存在的卡顿、经常缓存等问题将得到有效解决。

2. 更低的时延

低时延是 5G 相对于 4G 的一项重大突破。4G 网络能够满足很多生活场景的网络需求，但其较高的时延难以实现精细化的工业生产。而 5G 能够将 4G 约 20ms 的时延降低至 1ms，支持更精细化的智能生产。

3. 更大规模的设备连接

4G 网络往往存在这样一个问题：当同一个地方接入的设备过多后，设备就很容易出现卡顿的问题。而 5G 能够提供更大宽带，支持更多设备的接入和稳定运行，使用户能够得到更流畅的网络使用体验。

4. 更泛在的网络

当前，4G 网络并没有实现全面覆盖。在电梯里、地下车库等场所难以连接 4G 网络。而 5G 借助更小的基站，能够实现更广范围的网络部署，消除当前存在的种种网络死角。广泛铺设的高性能的 5G 网络能够满足用户随时随地进入元宇宙的需求。

2.2.2 优质网络为 VR 技术的发展提供支撑

在 5G 未出现之前，VR 行业发展起伏不定，原因就在于有诸多痛点未得到解决，如基本设施支撑不足、技术不成熟等。而 5G 的融入能很好地弥补 VR 的技术缺陷，解决其发展痛点。

当前，受限于网络技术，VR 设备往往会存在画面不够清晰、卡顿延迟等问题，也有一些用户在带上 VR 设备后会出现眩晕感，这些都是 VR 技术不够成熟的表现。而 5G 能够提供高速度、低时延、大宽带的网络，能够有效缓解用户戴上 VR 设备后出现的眩晕感。同时，5G 也让 VR 设备中的数据传输变得更快，用户体验感更加自然舒畅。

此外，在 VR 设备的成本方面，5G 也能够带来优化。当前的 VR 设备存在太重或价格太高等问题，而在应用 5G 后，5G 云服务能够将更多的计算任务上传到云端，实现 VR 设备的轻量化。同时，VR 设备的相关硬件成本也会降低，更有助于 VR 设备的普及。

除了完善设备外，5G 也会推动 VR 设备在更多领域的应用。在 2021 年世界 VR 产业大会上，中国移动发布了虚拟 VR 生态系统合作体系、移动云 VR 平台等新应用，涵盖工业、医疗、教育等诸多领域。中国电信设置了 5G 能力区、云 VR 体验区等区域，以 5G 赋能 VR 项目；中国联通携 VR 滑雪机、VR 射击对战等创新应用亮相。三大运营商的实际行动表明了在 5G 的加持下，VR 技术将得到创新发展，引领元宇宙的到来。

2.2.3 强大算力为元宇宙基建提供支持

从技术方面来看，支撑实现元宇宙的 VR/AR、区块链等新技术的背后都有一个共同的基础，那就是海量数据的计算和处理能力。元宇宙的本质是一个数字的宇宙，高速的网络和算力是支撑其运行的基础。

元宇宙对算力提出了很高的要求，当前的算力水平并不能满足元宇宙低门槛和优质体验的要求，而边缘计算能够推动算力发展，为元宇宙发展提供算力支持。边缘计算技术的应用，意味着设备的许多运算处理过程将在边缘计算层完成而无须上传至云端，这将大大提升设备的运行效率。

硬件计算能力和边缘云计算能力的提升能够升级用户的沉浸式体验。硬件计算能力的不断提升，能够升级元宇宙的显示效果，使更加拟真的场景成为可能。同时，边缘计算节点的建设能够缩短数据传输的距离，从而降低时延。

在算力方面，芯片巨头英伟达已经有所部署，助力元宇宙基础设施建设。2021年11月，英伟达在 GTC2021 大会中展示了其 CEO 黄仁勋的虚拟形象 Toy-Jensen。在展示中，Toy-Jensen 可以流利地与人交流。对于人们提出的气候变化、生物蛋白质方面的高难度问题，Toy-Jensen 也能够流畅地进行回答。在展示过程中，Toy-Jensen 的所有动作都是实时生成的，这需要耗费算力。

该虚拟形象就是使用英伟达推出的 Omniverse 平台实现的，这也让人们看到了 Omniverse 的惊人算力。同时，英伟达表示，Omniverse 平台不仅会应用于游戏或娱乐领域，也会落地于汽车制造、建筑等领域，提供多样的智能虚拟化应用。

对于算力这个搭建元宇宙的技术难关，英伟达以强大的技术提出了解决方案。即使此时的算力能力并不足以搭建元宇宙，但至少让我们看到了元宇宙中虚拟形象的一种展示方式，让我们对元宇宙这个遥远的概念多了几分亲近感。

2.3 XR 展示：支撑新形式，提供新体验

对于元宇宙来说，内容的展示和呈现是十分重要的。借助 XR 展示设备，人们才能够在元宇宙中得到沉浸式的体验。XR 技术也被认为是元宇宙的技术入口。那么什么是 XR？XR 技术指的是计算机技术与可穿戴设备等产生的融合真实与虚拟的环境，是 VR、AR、MR（Mixed Reality，混合现实）等沉浸式技术的统称。当前，凭借持续升级的 XR 设备，人们已经获得了较为优质的沉浸式体验，未来，随着 XR 技术的不断发展，元宇宙的大门终将被打开。

2.3.1 XR 技术进化，轻松步入虚拟世界

作为元宇宙的重要显示技术，XR 无疑是开启元宇宙的钥匙。借助 XR 显示设备，人们才能够以虚拟化身进入虚拟世界，进行更加自然的交互。

在 XR 技术出现之前，互联网社交只是一种简单的信息投射，无法将虚拟形象带入现实世界，也无法赋予人们自由的虚拟化身。这样的交互是缺乏沉浸感的。而 XR 技术的出现，让虚拟与现实的结合成为可能。AR 技术可以将虚拟形象带入现实世界，VR 技术则能够让人们以虚拟化身进入虚拟世界，而 MR 技术能够将 AR、VR 结合，将人们带入一个亦真亦幻的世界中。

基于 XR 对于元宇宙的重要作用，很多企业都在这方面积极布局元宇宙。华为公司持续布局 XR 产品，发布了 XR 芯片平台，推出了集成 GPU(Graphics Processing Unit，图形处理器)、NPU（Neural-Network Processing Units，网络处理器 ）的

XR 芯片和基于该平台的 AR 眼镜。此外，苹果公司也加强了在 XR 领域的研发和收购。2021 年 6 月，苹果公司提交了 VR/AR 的相关专利申请，致力于研发新产品。此外，苹果公司也收购了一些 AR 眼镜、VR/AR 技术等相关企业。

未来，5G 的发展会推动 XR 应用的落地。当前，受限于网络限制，企业难以打造更加拟真的虚拟场景。在体验方面，触感、听觉、嗅觉等方面的模拟都难以实现，这使得人们无法获得更真实的体验。而在 5G 网络下，XR 设备能够传输更多数据，进行更多、更复杂的计算，这能够提供更加准确的触感、听觉等信息。

可以想象，随着 5G 的不断发展，人们可以在元宇宙中得到更加真实的体验。或许有一天，人们足不出户就可以进入浩瀚、沉浸感十足的元宇宙中，自由地游览、购物，更加真实地体验虚拟世界中的生活。

2.3.2 自然交互技术开启交互变革

元宇宙的到来意味着更加沉浸的交互方式的变革，模仿人本能的自然交互技术是实现元宇宙的重要技术基础。那么，元宇宙需要实现哪些自然交互技术呢？如图 2-3 所示。

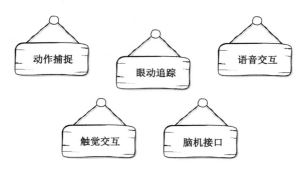

图 2-3　元宇宙需要实现的自然交互技术

1. 动作捕捉

为了实现现实世界和虚拟世界场景、人物的自然交互，需要实现对人体动作的捕捉，包括对手势、表情和身体动作等的捕捉。

当前，主流技术分为光学动作捕捉和非光学动作捕捉两类。光学动作捕捉通过追踪目标身上的光点实现动作捕捉。最常见的就是在目标身上贴上能够反射红外光的马克点，再通过摄像头对马克点进行追踪和捕捉。非光学动作捕捉包括惯性动作捕捉、机械动作捕捉、电磁动作捕捉等。其中，惯性动作捕捉基于 IMU（Inertial Measurement Unit，惯性测量单元）实现对目标动作的捕捉。运作的逻辑是把集成了加速度计、陀螺仪、磁力计的 IMU 固定在目标骨骼节点上，通过对测量数值的计算完成动作捕捉。

2. 眼动追踪

眼动追踪的原理就是通过摄像头捕捉人眼和脸部的图像，然后依据算法实现脸部和眼部的检测、定位与跟踪，从而呈现目标的视线变化。当前，眼动追踪主要依靠光谱成像、红外光谱成像两种图像处理方法。前者需要捕捉虹膜和巩膜间的轮廓，后者则需要捕捉距瞳孔的轮廓。

3. 语音交互

语音交互是实现虚实交互的重要手段。语音交互系统包括语音识别和语义理解两大部分，包含特征提取、模式匹配、模型训练等方面的技术。

4. 触觉交互

触觉交互是一种通过向目标施加某种力和震动等，让对方产生真实的沉浸感。其在游戏领域和虚拟训练中应用较多。借助触觉交互技术，人们能够在虚拟世界中控制虚拟物体，和虚拟世界中的各种事物进行更真实的交互。

5. 脑机接口

脑机接口指的是大脑和计算机直接进行交互，是人和外部设备建立连接的通道，分为单向脑机接口和双向脑机接口。单向脑机接口只能够实现单向的信息流通，例如只允许计算机接收大脑传来的指令，或只允许计算机向大脑发送信息。双向脑机接口则能够实现大脑和计算机的双向信息交换，计算机可以接受大脑传来的指令，也可以向大脑反馈信息。

在以上技术的支持下，人们能够借助虚拟化身在元宇宙中获得更加真实的交互体验。虽然当前很多技术还在发展中，但随着元宇宙的发展，这些技术终将不断迭代，走向融合。

2.4 区块链：安全的认证机制

元宇宙是一个无线扩张的超级数字场景，而区块链技术能够解决其运行中的去中心化价值传递和协作问题，保障元宇宙的安全、稳健运行。具体而言，区块链能够保障人们虚拟身份、虚拟资产的安全，保障系统规则的执行。

2.4.1 区块链是元宇宙安全运行的底层支撑

区块链本质上是一个去中心化的分布式账本，其具有5个方面的特征，如图2-4所示。

1. 去中心化

去中心化是区块链最突出的特征。区块链通过分布式结算和存储的方式运行，不依赖任何第三方管理机构，所有节点有均等的权利和义务，能够实现信息的自我验证、传输和管理。这使得区块链能够避免中心化节点被攻击而导致的数据泄露的风险，同时能够提高运行效率。

图2-4 区块链的五大特征

2．开放性

开放性指区块链是一个公开透明的系统，交易的各方都可以通过公开入口查询其中的数据和变更历史记录。当然，交易各方的私密信息是被加密的，无法被查看。同时，区块链系统能够实现多方共同维护，即使个别节点出现了问题，也不影响整个系统的运行。

3．自治性

自治性指区块链基于协商确定的协议运行，只要实现协议中约定的内容，区块链就会自动执行接下来的程序。这能够解决交易中的信任问题。交易各方能够在去信任的环境下基于区块链系统的验证执行交易，大大提高交易效率。

4．信息不可篡改

区块链中的信息是不可被篡改的，一旦交易信息被验证通过，就会被永久保存。这使得区块链系统有可追溯性，如果交易出现问题，依据对以往交易信息的追溯，人们可以轻易发现是哪一个环节出现了问题。

5. 匿名性

区块链上的各交易方拥有一个用数字和字母组成的唯一地址，用来表明交易者的身份。同时，所有的身份信息都是匿名的，不存在个人信息泄露的风险。

基于以上特点，区块链能够为元宇宙的运行提供安全保障，保证用户交易、数字资产流通过程中资产和个人信息的安全性。

2.4.2 区块链为元宇宙提供多种支持

为什么说区块链能够为元宇宙的安全运行提供保障？区块链主要从以下三个方面为元宇宙提供支持，如图 2-5 所示。

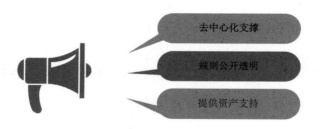

去中心化支撑

规则公开透明

提供资产支持

图 2-5 区块链为元宇宙提供的支持

1. 去中心化支撑

区块链技术带来的元宇宙去中心化运行能够大大保证用户的安全。当前，随着信息传递速度的加快，人们隐私暴露的可能性也越来越高。一旦个人信息被泄露或滥用，就会对人们的日常生活造成困扰，甚至会影响人们的财产和生命安全。而这样的问题在元宇宙中会更加明显。在元宇宙中，用户的身份和资产等都是以数字化的形式存在于元宇宙中的，一旦个人信息被泄露，那么用户在元宇宙中的资产安全也无法被保障。

而区块链能够保证数据的去中心化传递和存储，同时，在其上的数据不会被篡改，数据的传递也能够被追溯。这能够实现用户的数据归个人所有，任何人不能篡改，也不能随意处置。并且，如果其他人想要使用用户的个人信息，必须得到对方的授权，这进一步保障了用户的数据安全。

2. 规则公开透明

元宇宙中存在与现实世界相似的运行规则，如果这些规则不透明，那么就会存在暗箱操作的风险，损害用户的权益。而区块链技术能够很好地解决这一问题。以交易为例，区块链中的交易不依赖任何中心机构，其通过智能合约的方式进行，即交易双方事先约定好交易规则，一旦相关条件被触发，交易就会被自动执行，避免了暗箱操作的风险。同时，区块链中的交易是公开透明的，任何交易方都可以查看交易进度，回顾交易流程。这样一来，元宇宙中的种种交易就可以在区块链的保障下，实现公平、公正、安全、可靠。

3. 提供资产支持

可信的资产价值是元宇宙的重要组成部分。在元宇宙中不存在中心化的机构，每个用户都是元宇宙的重要参与者。这使得元宇宙需要在去中心化的背景下实现资产价值认证。这一功能的实现离不开区块链技术的支持。区块链技术支持下的NFT（Non-Fungible Token，非同质化代币）为元宇宙中的资产价值确认和资产流转提供了解决方案。

NFT是存储在区块链上的数据单元，具有不可篡改且独一无二的特点。其不可篡改的特征表明NFT的每一次流转都会被记录，清晰可查。而独一无二则表明了每一个NFT都是不可替代的。

NFT对于元宇宙来说十分重要。一方面，NFT可以实现虚拟物品的资产化。在传统互联网中，虚拟资产的价值往往难以明确，交易的范围也十分有限。而被NFT赋能后的虚拟资产有了新的所有权确认体系，并且能够在多个区块链平台中进行交易。另一方面，NFT 与产品的联动，将成为传统企业接入元宇宙的有效手段。

元宇宙中有这样一个特征：当用户在现实生活中购买了一辆汽车，那么也会在元宇宙中收获一辆同样的汽车。事实上，这样奇幻的事情已经可以在现实中实现。2021 年 11 月，数字收藏品平台 ENVOY Network 推出了兰博基尼 Aventador SV 的 NFT 艺术品 Wen Lambo。除了获得该 NFT 外，买家还将获得一辆定制喷漆兰博基尼汽车。

也许现在这位买家还不能开着这辆兰博基尼体验元宇宙，但谁说未来不会实现呢？未来，不仅是兰博基尼，任何现实世界中的资产都可能通过 NFT 转化为数字资产。

交易是社交的重要内容，也是元宇宙中的重要活动之一。能够将现实世界所有生产、生活方式完美复刻的宇宙需要一种安全、高效的支付方式，以保证用户交易的安全。区块链作为安全可靠的去中心化账本，能够满足资产数字化的要求，同时在即时交易和可信度方面也具有优势，将为元宇宙经济提供重要支持。

第 3 章

生态版图：从技术到应用全生态

当前，发展火爆的元宇宙吸引众多企业纷纷入局，各企业纷纷拿出自己的看家本领，以不同角度入局元宇宙，或着眼于技术、产品。这些企业的聚合形成并扩张了元宇宙的生态版图。

3.1 从概念走向现实：元宇宙成为企业入局新赛道

当 Roblox 将元宇宙概念引入资本圈时，元宇宙对大多数人来说只是一个模糊的概念。而当后来越来越多的企业开始布局元宇宙技术或产品时，元宇宙距离我们也越来越近。纵观在元宇宙领域活跃的公司，可大体分为以技术见长的公司、以游戏见长的公司、以工具服务内容见长的 UGC 平台三类。这些公司在各自领域的前行也推动了元宇宙产业生态的繁荣。

3.1.1 以技术见长的公司逐鹿新阵地

当前，提到火爆出圈的新概念，非元宇宙莫属。2021 年 11 月初，前锤子科技创始人罗永浩表示："我们的下一个创业项目，将会是一家所谓的元宇宙公司。"这意味着罗永浩将以元宇宙创业项目回归科技行业。

这只是元宇宙热潮下的一个缩影。2021 年，元宇宙的爆发力超出想象，很多业内人士都将 2021 年定义为"元宇宙元年"。在这样的趋势下，众多科技巨头纷纷表态，看好元宇宙的发展，进行积极布局。

2021 年 5 月，微软 CEO 萨蒂亚·纳德拉表示，公司正在朝着"企业元宇宙"的方向努力。企业元宇宙是打通企业研发、制造、协作、分销、客户反馈等环节，形成高效闭环迭代的关键。随着现实世界和虚拟世界联系的不断加深，企业元宇宙将成为企业必备的基础设施。

基于这一理念，微软于 2021 年 11 月宣布公司将把虚拟体验平台 Microsoft Mesh 的混合现实功能融入办公软件 Microsoft Teams 中，推出新的虚拟现实办公平台 Mesh for Microsoft Teams。用户可以定制自己的虚拟形象，并在沉浸式空间中出席会议。

Facebook 创始人马克·扎克伯格也十分看好元宇宙的未来。他曾表示"元宇宙将会颠覆未来的人类社会"。基于这一信念，扎克伯格将公司直接改名为"Meta"（取自元宇宙"Metaverse"），公司股票代码也变更为"MVRS"，全面拥抱元宇宙。

此外，我国的诸多科技公司也加强了对于元宇宙的布局。例如，华为依据其在 5G 技术上的优势，积极以技术布局元宇宙。其发布的"5G+8K"3D VR 解决方案能够提升媒体内容制作的效率，华为 AR 地图能够将虚拟世界高精度地与现实世界融合。

此外，在 HDC2021 开发者大会期间，华为发布了 AR 交互体验 App "星光巨塔"。通过星光巨塔，虚幻的九色鹿能够穿越虚实壁垒，出现在华为园区里，而高大璀璨的高塔会伫立在波光粼粼的湖面上。现实与虚拟紧密结合在一起。同时，星光巨塔也提供了多种玩法，用户可以在这个虚实结合的世界中收集能量、搜索宝箱、团战打 BOSS 等，获得极佳的游戏体验。

随着多家科技巨头争先恐后地聚集在这一赛道中，元宇宙的市场空间也会逐步扩大。彭博行业研究报告显示，元宇宙相关业务的市场规模将会逐步增大，2024 年将会达到 8 000 亿美元，2030 年将扩张到 15 000 亿美元。

3.1.2 以游戏见长的公司布局新生态

借助元宇宙这一热点，诸多推出具有元宇宙元素游戏的游戏公司获得了资本的关注，中青宝、汤姆猫等宣布发力元宇宙之后，公司股价连续涨停。在这种火热的态势下，游戏公司成为元宇宙领域的重要玩家。

2021 年 9 月，中青宝宣布将推出一款虚拟与现实结合的元宇宙游戏《酿酒大师》，让人们看到了虚拟交易与现实交易结合的可能性，如图 3-1 所示。

图 3-1　元宇宙游戏《酿酒大师》画面

《酿酒大师》属于模拟经营类游戏，其设定是玩家会穿越到一百年前，化身为酒厂管理者，根据自己的经营规划，借助 VR 设备体验沉浸式酿酒。同时，玩家在游戏中的劳动还会映射到现实生活中。玩家可以在线下提取自己在游戏中所酿的酒，并会获得产品的 NFT 认证。之后，玩家可以在区块链平台中进行 NFT 交易从而获得报酬。

新兴的游戏公司以元宇宙游戏搭上元宇宙这一热点飞速发展，而老牌的游戏公司也在不断融合元宇宙元素，布局元宇宙内容生态。

游戏开发商 Epic Games 无疑是元宇宙游戏领域的先锋，其在元宇宙领域的布局十分全面。作为在全球游戏领域打造了多个爆款游戏、推出了自研顶级游戏引擎并拥有内容丰富的游戏商店的游戏巨头，Epic Games 本身就是游戏行业的领头羊。而当前，其将发展眼光放在了元宇宙领域，并成功成为该领域的独角兽企业。

从整体业务来说，Epic Games 有三大法宝，分别是游戏《堡垒之夜》、虚幻引擎和游戏商店 Epic Games Store。《堡垒之夜》是一款 TPS（Third-Personal Shooting，第三人称射击）游戏，因多样的玩法和联动吸引了上亿玩家，成为 Epic Games 的明星产品。虚幻引擎是全球最大的实时 3D 创作平台，为游戏开发者提供多样的技术和工具支持。游戏开发者可在此平台上设计、测试和发布各类游戏。Epic Games Store 中拥有超过 500 款游戏，聚集了超过 3 亿用户。

依托先进技术和海量用户优势，Epic Games 在元宇宙的布局也更加深入，其布局主要集中在 3 个方面，如图 3-2 所示。

1. 以《堡垒之夜》探索元宇宙

《堡垒之夜》作为一款用户数量庞大、游戏生态健全的成熟游戏，成了 Epic Games 实践元宇宙的最佳场景。经过多番调整，《堡垒之夜》融入了更多的元宇宙元素。目前，《堡垒之夜》已经上线了创造玩法，允许玩家在自己的岛屿上进行自由创造。同时，《堡垒之夜》中新增了更具社交功能的"派对岛"，这里没有任何任务，玩家可以在其中闲逛、与朋友畅聊、体验跳伞和钓鱼等小游戏。

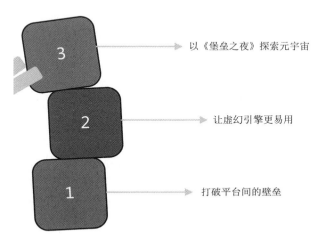

以《堡垒之夜》探索元宇宙

让虚幻引擎更易用

打破平台间的壁垒

图 3-2　Epic Games 如何布局元宇宙

此外，《堡垒之夜》还创造性地将现实中的演唱会搬到了游戏中。2020 年 4 月，《堡垒之夜》与著名说唱歌手特拉维斯·斯科特携手，在虚拟世界里上演了一场名为"Astronomical"的沉浸式演唱会，吸引了约 1 300 万名玩家前往观看。

Epic Games 在《堡垒之夜》中的这些尝试无疑让玩家有了更多的元宇宙体验。

2. 让虚幻引擎更易用

长期以来，虚幻引擎以其专业性和复杂性，常常被用来开发高质量的大型游戏。但要想入局元宇宙，就需要吸引更多的用户参与元宇宙的建设中来。因此，Epic Games 需要将虚幻引擎变得更加易用，以吸引更多的初学者。基于此，Epic Games 与 Manticore Games 合作推出了建立在虚幻引擎上的游戏创作平台"Core"，为游戏开发者提供易于使用的工具。

3. 打破平台间的壁垒

元宇宙是一个开放的生态，需要更多的企业参与其中，而不是每个企业各自发展，筑起壁垒。在这方面，Epic Games 就在竭力打破平台间的壁垒。

在佣金方面，很多应用商店都会抽成 30% 的费用，而 Epic Games Store 只抽成 12%。Epic Games 尽可能地将应用商店打造成一个中介平台，提高平台的开放性。同时，Epic Games 和任天堂、Xbox、索尼等企业合作，实现了游戏的跨平台联机，统一了数据保存的标准。这在一定程度上打破了游戏平台之间的壁垒，有助于在未来形成更加开放的元宇宙。

游戏公司是生产元宇宙内容的重要力量。当前已经有很多游戏公司在游戏里融入了演唱会、会议、购物等多个生活中的场景，让玩家通过多样的沉浸式体验感受元宇宙的真实和奇幻。而在未来，更多开放的沉浸式游戏将会诞生，为元宇宙的最终形成提供温床。

3.1.3 以工具服务为个人创作提供元宇宙入口

除了技术与游戏外，还有一类公司聚焦用户需求，以打造为用户提供创作空间和工具的 UGC 平台为入口，征战元宇宙领域。在 UGC 模式下，每个用户都可以成为元宇宙内容的生产者，将自己创作的内容展示给其他用户。

Roblox 就是这方面成功的典范。其打造了一个集体验、开发于一体的 3D 创意社区，允许用户自由创作内容，已成为全球最大的游戏创作平台。Roblox 的成功展示了进军元宇宙的另一条路径，而这一路径也吸引了越来越多的参与者。

2021 年 11 月，珠海沙盒网络科技有限公司（以下简称"沙盒网络"）获得 2 亿元融资。珠海沙盒网络科技有限公司披露，将把这笔资金用于元宇宙产品研发和 UGC 生态建设中。

珠海沙盒网络科技有限公司通过技术和用户积累，推出了游戏平台 Blockman Go 和开发者平台 Blockman Editor。同时，这两款产品都是基于自主研发的游戏引擎而产生的，这也为平台上的开发者提供了技术支撑。

珠海沙盒网络科技有限公司的发展目标是打造一个所有用户都愿意生活在其中的虚拟空间。而这一目标的实现可以分为三个阶段。

阶段一：通过多样的游戏内容吸引用户，并以此形成一个月活过千万的虚拟社区。

阶段二：通过赋能创作者形成自下而上的内容生产模式，不断完善平台中的内容生态。

阶段三：结合平台服务和用户创意，打造一片能够让用户获得优质体验、帮助用户创造价值的线上生活乐土。

目前，珠海沙盒网络科技有限公司的游戏 UGC 平台已拥有 500 万左右的日活跃用户，以及 20 万左右的月活跃开发者，处于第一阶段逐渐向第二阶段转变的状态。

珠海沙盒网络科技有限公司的游戏 UGC 平台有哪些优势？一方面，平台具有很好的兼容性。一些用户使用的设备内存较低、中央处理器较弱，Blockman Go 针对这些设备进行了优化，以保证用户获得流畅的游戏体验。另一方面，珠海沙盒网络科技有限公司具备更接地气的本土化能力。其在不同的国家有不同的本地化运营团队，能够根据本地区用户的建议进行个性化优化。

很多事务的发展都是由需求和技术所主导的，元宇宙也是如此。当下，很多企业都聚焦于元宇宙技术，却忽视了对于元宇宙需求的关注。而珠海沙盒网络科技有限公司就更加关注用户对于元宇宙的需求，力求打造一个能够让用户发挥感情、创造价值、获得身份认同的虚拟空间。

3.2 生态链：涵盖上下游全场景

随着众企业在元宇宙领域的不断布局，元宇宙的生态链也逐渐形成，覆盖了元宇宙从技术到应用的全场景。元宇宙的产业生态链可以分为底层支撑、前端设备、应用场景三个环节。每个环节都聚集着大量的企业。在这些企业的共同发力下，元宇宙的产业生态也变得更加完善。

3.2.1 底层支撑：底层架构+后端基建

元宇宙的底层支撑分为底层架构和后端基建两个部分。其中，底层架构包括 NFT、区块链等支撑元宇宙经济体系建设的技术，后端基建包括 5G、云计算、AI 等方面的基建。

为什么说区块链是元宇宙的底层支撑？作为高度拟真的虚拟世界，形成安全、稳定的经济系统对于元宇宙来说十分重要。当前的许多虚拟世界都只能被称为娱乐工具，而并不是真正的平行世界，原因就在于这些虚拟世界中的资产没有和现实世界建立连接，无法在现实世界中流通。即使玩家付出大量精力成为虚拟世界的赢家，也难以对现实生活产生影响。同时。在这些虚拟世界中，玩家并不具有主导权，如果运营商关闭了这个虚拟世界，那么玩家在其中的所有资产和成就都不会存在。

而区块链能够解决以上问题，搭建起元宇宙的底层经济架构，创造出完善运转同时链接现实世界的经济系统。基于此，用户通过创造获得的虚拟资产可以体现在现实世界中，用户才能够有积极创造、不断扩展元宇宙的动力。

除了底层架构外，元宇宙的底层技术支撑还包括 5G、云计算、AI 等软硬件方面的基础设施。

从 XR 技术出发推导，XR 有着单机智能及网联云控两条发展路径。前者聚焦显示、感知、交互等领域，后者聚焦内容上云后的流媒体服务。未来，两者将在 5G 基建的基础上不断融合，推动元宇宙产业升级。

当前，我国三大运营商都在通过基础设施赋能元宇宙。我国三大运营商 2021 年上半年财报显示，在 5G 基站方面，中国移动已累计开通基站 50 万个。而中国联通披露的数据显示，其与中国电信合作，累计开通 5G 基站达 46 万个。以此计算，截至 2021 年上半年，三大运营商开通 5G 基站达 96 万个。

同时，2021 年 11 月，国内首家元宇宙行业协会成立，成员包括中国移动、中国联通、中国电信等。随后，中国电信宣布，其将以元宇宙新型基础设施建设者的身份，依托创新应用成果开启 2022 年"盘古计划"，发力元宇宙赛道，推动 5G 在元宇宙领域的应用。

在这些企业的助力下，搭建起元宇宙的底层架构和基础设施，元宇宙才能够得以发展，前端设备和应用场景等环节才能够得以繁荣。

3.2.2 前端设备：消费类+非消费类

元宇宙的前端设备方面主要包括各种 AR/VR 设备、可穿戴设备等。这是用户能够进入元宇宙、获得沉浸式体验的基础。其中，面向用户的消费类设备，包括 AR 眼镜、VR 头显、触觉手套等，以及非消费设备，如工业级的相机、追踪和投影设备等。

在消费类设备方面，Meta 的表现十分亮眼。其曾斥巨资收购虚拟现实公司

Oculus，并发力 VR 设备，推出了 VR 头显 Oculus Quest 2，获得市场追捧。同时，Meta 表示将在 2022 年上线 Oculus 高端 XR 头显和 AR 眼镜。

此外，Meta 旗下的虚拟现实实验室推出了十分智能的触觉手套。这款手套使得接触元宇宙变成现实：当用户拿起一块虚拟拼图时，能够清晰地感觉到拼图已经在自己手上了。

这里最大的难题就是触觉是真实的，但拼图却是虚拟的，那么真实的触觉是怎样产生的？这得益于触觉手套包含了很多先进的人机交互技术。

其一，因为无法在虚拟世界中完全重现现实世界的物理特性，所以触觉手套将听觉、视觉、触觉反馈结合在一起，使用户能够感觉到物体的质量。其二，借助先进的手部跟踪技术，触觉手套能够精准识别手在虚拟世界中的位置、是否与虚拟物体接触等。其三，触觉手套中搭载的触觉渲染器能够凭借对手的位置和对所接触虚拟物体的属性的理解，向触觉手套中的执行器发送精确的指令，以形成真实的触感。

与消费类设备相比，非消费类设备往往价格更高，其针对的主要是企业。相对于价格，企业更加看重设备的性能。例如，一些 3D 激光扫描器能高精度扫描商场、建筑物、室内环境等，价格也十分高昂。但这对于企业的布局和元宇宙的搭建来说是十分重要的，元宇宙不是虚无的，其很多场景都是源于对现实场景的映射，所以这部分工具会显得十分重要。强大的工具会强化元宇宙的拟真性，甚至会形成一个基于现实世界的数字孪生世界，而这样的世界也会带给用户更高的沉浸感。

沉浸式是元宇宙永恒的课题，想要实现更强的沉浸感就需要更强悍、更高性能的设备。未来，元宇宙的消费类设备将会变得更智能、更便携，而非消费类的设备也会促使元宇宙在性能上的不断飞跃。

3.2.3 应用场景：应用领域不断扩大

从应用方面来说，元宇宙的应用场景呈现出不断扩大的趋势。当前，元宇宙的相关产品主要落地在游戏、社交等领域，但元宇宙的应用远不止于此。随着元宇宙的发展，元宇宙的应用将不断延伸，逐渐覆盖教育、营销、医疗等多个场景。最终，元宇宙全景交互将成为现实。元宇宙的应用空间是巨大的。艾瑞咨询数据显示，目前，我国 VR 内容市场规模预计达到 278.9 亿元。

元宇宙当前处于萌芽阶段，各企业的活动主要是将数字服务与元宇宙概念融合，推出一些具有探索性的应用和产品。其中，元宇宙的应用体现得比较明显的一个领域就是在线游戏。传统在线游戏往往有固定的场景和游戏规则，是以完成任务为主导的"定向性游戏"。内容主要有竞技攻关、打怪升级等。即使存在玩家互动，也是以完成任务为核心的互动。而融入元宇宙元素的游戏具有更高的自由性和交互性，属于"发散性游戏"。游戏中只有基础规则，不限定玩法和社交。

除了游戏外，元宇宙也可以和更多的场景结合，增强沉浸式效果。例如，迪士尼已经开始探索在娱乐项目中解锁元宇宙相关技术，推出了《星球大战：银河星际巡洋舰》娱乐项目。其中的银河星际巡洋舰并不是一个单独的度假酒店，而是沉浸式剧场和虚拟世界环境的融合。

在这个虚拟场景中，人们可以和各种角色互动，或品尝多样的银河美食。整个航程就是一个完整的故事，人们的每一个选择都会影响自己在故事中的命运，同时推动故事的发展。在这里，人们可以获得个性化的娱乐体验，体验丰富多彩的冒险旅程。同时，基于元宇宙的创造性，除了可以扮演既定的角色外，人们还可以在这个虚拟场景中创造角色，这是该项目能够带给人们个性化体验的关键。

　　未来，随着元宇宙的发展，新的技术和应用将会加速元宇宙在更多领域的落地和融合。同时，除了将更多的现实生活中的场景搬进元宇宙外，元宇宙中还会产生全新的、现实中不存在的场景。在这一过程中，虚拟与现实的结合也将更加紧密。最终，大规模爆发的元宇宙应用将形成一个互相融合的完善生态，并且与现实世界相互连通、相互影响，而人们的娱乐、工作、创作等都可以搬到元宇宙中，体验别样的"第二人生"。

第 4 章

发展风口：互联网的未来已来

元宇宙融合了数字体验和物理体验，并且能够持续存在，它的出现和发展预示了互联网发展的一种方向。在这种情况下，互联网巨头不断布局元宇宙，互联网创业公司也将元宇宙看作新的创业风口，元宇宙成为互联网行业竞争的新赛道。

元宇宙的出现与互联网的发展密不可分。同时，元宇宙也加速了互联网的发展。在元宇宙未爆发之前，腾讯曾提出了"全真互联网"的概念，而此时再看全真互联网和元宇宙，就会发现两者有很多相似之处，这也进一步佐证了元宇宙是互联网发展的方向这一论点。

4.1 元宇宙是互联网的新形态

当前，我国数字经济快速发展，5G、云计算等先进信息技术逐渐融入生活。随着互联网的发展，数字技术革命的下一片蓝海呼之欲出。腾讯、字节跳动、Meta、微软等互联网巨头都开始布局元宇宙。这无疑释放了一种信号：元宇宙是互联网发展的新方向，也是数字经济发展的新形态，虚拟世界与现实世界的大门正在被打开。

4.1.1 从移动互联网到元宇宙有迹可循

回顾互联网的发展史，从以文字、图片为主的 PC 互联网，到全面迁移到手机端的移动互联网，极大地变革了人们的生活方式。而互联网还在继续向前发展，在移动互联网的下一阶段，谁是继任者？

从元宇宙的发展来看，融合了游戏技术、通信技术、XR 技术、区块链技术等的元宇宙的确具有承担这个重担的潜力。

2020 年，在疫情的影响下，很多学校不得不取消了毕业典礼，使得许多学生留下了遗憾。为了让学生毕业有仪式感，一些学校推出了线上毕业典礼。其中，中国传媒大学动画与数字艺术学院另辟蹊径，借助游戏《我的世界》，为学生们举办了一场相聚于虚拟世界的线上毕业典礼，如图 4-1 所示。

图 4-1 《我的世界》中举办的毕业典礼画面

毕业典礼的场景1：1还原了中国传媒大学的真实场景，不仅是建筑和树木，甚至校园中的猫咪也出现在虚拟世界中。学生们通过"一键换装"就可以穿上学士服，自由地在虚拟的校园中闲逛、在楼前合影。

毕业典礼开始时，学生们排队入场，在主持人的指挥下依次走上红毯。不少调皮的学生在红毯上跳来跳去，主持人也时不时地控场："各位小方人请保持秩序，不要与其他的小方人产生冲突"。毕业典礼中，学校的各位老师也纷纷出席，以虚拟化身的形象端坐于台下，显得十分可爱。中国传媒大学动画与数字艺术学院的院长也发表了演讲，传达了对同学们的祝福。

这种新颖的毕业典礼形式吸引了大量网友的关注。看着在虚拟世界里"飞来飞去"的同学们，网友们也纷纷留言"居然在《我的世界》里举办毕业典礼""太神奇了，大家欢迎下一个小方人"等。

从虚拟现实的角度来看，这是现实世界和虚拟世界连接的一种成功尝试，在一定程度上改变了人们的生活方式。而在未来的元宇宙中，这种虚实结合的场景将会覆盖人们生活的方方面面。

元宇宙具有连接虚拟和现实的能力，这足以表明其具有颠覆人们生活方式的潜力。虚拟与现实之间的桥梁是什么？不是电影中设想的机械电缆，而是可以跨系统的支付体系，是虚拟与现实连通的经济系统。

作为元宇宙领域里的先锋，Roblox中就有一套完整且与现实连通的经济体系。Roblox中有通用的虚拟货币Robux，用户可以在平台上消费Robux，或者通过创作获得Robux收入。同时，Robux和现实中的货币是连通的，用户可以购买Robux，也可以将其转换为现实中的货币。虚拟货币和现实中的货币连通使得Roblox中的经济系统和现实世界中的经济系统有了连接。

此外，元宇宙始于游戏，但远高于游戏。未来，人们不仅可以在游戏中体验娱乐项目，还可以在游戏中工作、购物等，将更多的活动搬到虚拟世界中。元宇宙也将极大地变革人们的生产和生活方式。从这一角度来看，元宇宙无疑是移动互联网的继任者。

4.1.2 元宇宙解决互联网发展的空间与内容瓶颈

从 PC 互联网到移动互联网，互联网的发展变革了信息的获取和传播方式，改变了人们的生活方式，改变了各行业的商业结构。同时，其带来的数字经济也成为推动经济增长的重要动力。互联网的出现改变了世界，但不可否认的是，互联网发展至今也出现了瓶颈。

在市场空间方面，互联网流量增长空间越来越小，流量红利逐渐消失。中国互联网信息中心的数据显示，截至 2021 年 6 月，我国网民规模达 10.11 亿人，互联网普及率达 71.6%。同时，截至 2021 年 6 月，我国手机网民规模达 10.07 亿人，网民使用手机上网的比例为 99.6%。

同时，MobTech 的数据显示，2021 年第二季度，中国移动互联网用户日均使用时长为 5.8 小时，依旧没有突破 6 小时的天花板。随着移动互联网的不断普及，我国移动互联网用户规模已逐渐稳定，增速逐渐放缓，流量红利逐渐消失。

在这种背景下，互联网巨头的用户渗透率也越来越接近天花板，BAT 三大巨头的渗透率都已经超过 80%。其中，腾讯、阿里巴巴的用户渗透率分别达到了 96.2% 和 92.7%。其他互联网企业也同样面临流量难题，很多企业已经转入存量用户深耕阶段。

在内容方面，当前互联网内容主要通过文字、声音、视频等方式呈现，人与人或人与物之间的距离依旧十分遥远，难以带给人们更好的体验。

例如，在社交方面，虽然 QQ、微信等社交工具改变了人们之间的交流方式，但人与人之间的距离依旧遥远。即使是视频，也很难实现人们在现实中面对面交流的效果。在购物方面，购物网站主要通过文字和图片进行商品展示。人们在购买服装时，只能看到模特穿搭的效果，而无法亲自试穿，因而往往会出现因服装不合适退换货的情况，影响人们的购物体验。在娱乐方面，人们可以借助互联网看视频、听音乐等，但因为隔着一道屏幕，无法身临其境地去体验。

而元宇宙能够解决互联网发展的这些瓶颈。一方面，元宇宙市场空间巨大，将打开互联网新的成长空间。普华永道预计，元宇宙相关经济将在未来大幅增长，市场规模有望在 2030 年达到 15 000 亿美元，2020—2030 年的复合增长率达 253%。移动互联网发展空间缩小之际，元宇宙的红利期已悄然而至。

作为和现实世界紧密结合的虚拟世界，元宇宙能够复刻现实世界中的几乎所有关系，在完善的经济系统之下，很多互联网商业模式都可以在元宇宙中重做一遍。同时，在新的生产和生活模式下，也会产生新的商业模式。

另一方面，元宇宙能够打破时间和空间的限制，突破移动互联网内容展示的局限。在这个自由的虚拟世界中，人与人、人与物之间的距离感将被打破。例如，在社交方面，人们不必再隔着屏幕互动，而是可以相聚于元宇宙中进行面对面沟通，同时还可以瞬移到不同的地方，开启一场奇幻的旅游。在购物方面，人们可以在元宇宙中看到完美复刻真实商品的全息影像，可以通过触碰感知商品的触感，也可以以虚拟化身试穿商品，确保商品符合自己的预期。在娱乐方面，人们可以轻松地进入虚拟的音乐会中，随音乐呐喊、跳跃。

总之，元宇宙蕴含无限可能，为互联网发展带来了新的机会。而随着元宇宙的逐步成熟和发展，互联网也会随之产生变革，进入发展的新阶段。

4.1.3 数字化发展催化元宇宙到来

互联网的发展将更多的活动从线下搬到了线上，推动了生产生活的数字化发展。而数字化的蓬勃发展推动了元宇宙到来的进程。

2020 年以来，疫情加快了世界的数字化转型，"数字融合世界"正在形成。在办公、教育、零售、医疗等领域，数字化已成为常态，各种网络会议、网络会诊、直播销售、直播授课等悄然成为风气，钉钉、企业微信、淘宝直播、京东直播等在其中发挥了重要作用。这一系列的改变深刻影响了人们的生活及工作方式，甚至在疫情好转之后，很多人依旧以线上的方式进行工作、社交等。数字化发展在为人们提供便利的同时也使得人们将更多的时间和精力放在了线上。这为元宇宙的形成和发展奠定了基础。

同时，互联网用户的数字社交、创造需求也刺激了元宇宙的发展。当前，在微博、微信、抖音等平台的影响下，互联网用户更能接受时代的数字化变革，同时提出了更多层次的数字体验需求，这使得其更能接受元宇宙的到来。其中，互联网的原住民更能接受元宇宙。

每一代人都有特征，而 Z 世代有一个让他们和前几代人截然不同的特征：在互联网和社交媒体中长大。Z 世代指 1995 年至 2009 年间出生的人，而这也是移动互联网大发展的时期。在移动互联网的包围下，Z 世代习惯数字化内容，相信技术对生活的改变。对于他们来说，虚拟世界的生活是现实生活的重要组成部分。

同时，Z 世代十分注重生活体验，对新事物充满好奇。而元宇宙能够提供给人们一种全新的数字体验，展现了一种自由、奇幻的生活模式，这极大地满足了Z 世代的数字体验需求。可以预见的是，伴随着 Z 世代的成长，元宇宙也在加速到来。

现实世界向数字世界迁徙，人类数字化生存是时代发展的趋势。而在从现实世界向数字世界迁徙的过程中，元宇宙将成为人们数字化生存的新的栖息地。同时，随着数字化进程的加速，会有越来越多的人投入更多的时间体验虚拟世界，在虚拟世界中游戏、社交、创作、购物等，推动元宇宙的快速发展。当人们的工作方式融入更多的元宇宙元素，元宇宙的边界也将从生活数字化场景扩展至行业生产等更广泛的场景。

4.2 腾讯提出全真互联网，指明互联网发展方向

2020 年 11 月末，腾讯推出了一本名为《三观》的年度特刊，在前言里，马化腾提出了全真互联网的概念，并且表示，全真互联网是互联网行业发展的新方向，互联网行业将迎来行业大洗牌。而元宇宙与全真互联网指向的是同一个方向。

4.2.1 全真互联网：连接一切的全真体验

近年来，腾讯发力产业互联网，阿里巴巴发力新零售，百度则在人工智能领域不断深耕，其他互联网巨头也纷纷提出了各自的发展策略。那么，腾讯的发展方向是什么？2020 年末，马化腾对未来提出了预判："现在，一个令人兴奋的机会正在到来，移动互联网十年发展，即将迎来下一波升级，我们称之为全真互联网。"同时表示："随着 VR 等新技术、新的硬件和软件在各种不同场景的

推动，我相信又一场大洗牌即将开始。就像移动互联网转型一样，上不了船的人将逐渐落伍。"

全真互联网究竟是什么？马化腾对其做出了解释："这是一个从量变到质变的过程，它意味着线上线下的一体化，实体和电子方式的融合。虚拟世界和真实世界的大门已经打开，无论是从虚到实，还是由实入虚，都在致力于帮助用户实现更真实的体验。"由此可见，全真互联网和元宇宙十分相似。

同时，全真互联网的重点在于全和真。

所谓全，指的是未来的互联网将会覆盖更多的角落。传统互联网企业大多是面向消费者的，即 To C，而当前的互联网则纷纷转型 To B，力求推动企业转型升级。随着两个方向的深度发展，我们将进入一个消费互联网和产业互联网融合的时代。

所谓真，指的是在展示和体验的真实性上。未来，VR 会成为主流的内容展现方式，比当前的图片或视频展示更加立体，突出"真"的特性。当前的互联网经济中，存在一些不够真实的问题。例如，人们在一些网站中买衣服时，看到的多是美化之后的产品展示和买家秀，而真实的衣服和图片间往往会存在色差。未来，随着"AI 虚拟试衣"技术成熟，人们能够足不出户，试遍天下衣。

全真互联网实现的基础是技术。当下，实时通信、算法推荐等技术已经逐渐成熟，5G 网络逐步被搭建，同时，各大商场也在向人们普及 AR、VR 体验。技术的升级，新技术与新软硬件的融合，将推动线上与线下的一体化。当虚拟世界和现实世界的大门被打开，消费者互联网和产业互联网中将产生无数的应用场景，涉及通信、社交、办公等诸多方面，当下的很多行业都能够在新的市场中找到新的发力点。

4.2.2 阶段性发展，指向全真互联网

在全真互联网这个概念刚刚出现时，很多人并不理解这个概念，或者将其与新零售对标。以互联网、AI 等技术为依托，对零售全流程进行改造的新零售和全真互联网的确有相似之处，但全真互联网并不只局限于一个领域，而是囊括了互联网行业涉及的各个领域。

而当元宇宙的发展路径逐渐清晰，特别是越来越多的企业开始投身元宇宙领域后，人们对全真互联网有了更深的理解，也看到了元宇宙与全真互联网的诸多相似之处。事实上，从发展路径来看，元宇宙在经过三个阶段的发展后，最终会指向全真互联网，如图 4-2 所示。

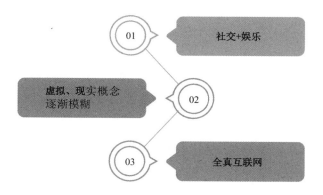

图 4-2　元宇宙发展的三个阶段

1. 社交+娱乐

在这一阶段，沉浸式体验逐步发展，人们可以在虚拟世界中实现娱乐、社交功能，形成一定的归属感。元宇宙的展现工具方面依赖 UGC 内容创作平台和能搭建虚拟关系网的社交平台。需要的底层硬件支持逐渐增多，越来越成熟的 AR/VR 设备将逐渐成为主流的娱乐生活的载体。

2. 虚拟、现实概念逐渐模糊

这一阶段，元宇宙融入了更多的消费、金融、生活服务等方面的元素，逐步搭建起了完善的生态。用户基数、使用时间不断提升，元宇宙成为人们生活的重要组成部分。同时，以 AR/VR、云计算等技术为依托的智慧城市、逐步形成闭环的数字经济体系、线上线下紧密结合形成的虚拟化服务形式等将成为元宇宙的重要组成部分。

3. 全真互联网

元宇宙的最终形态是全真互联网，将会实现虚拟和现实的紧密融合。到那时，现实世界中的诸多生活和生产场景将复刻到元宇宙中，元宇宙将成为一个复刻现实世界的虚拟世界，连接虚拟与现实的全真互联网也因此逐渐成熟。人们在元宇宙与现实世界中的身份信息、资产等能够实时同步更新，同时，人们的生活方式、生产方式、组织治理方式等都将被重构。此外，连通虚拟与现实的元宇宙将会承载更大的商业价值，当前的互联网巨头将得到新的发展机会，也可能会出现新的互联网巨头。

4.2.3 多方投资整合，发力元宇宙

作为全真互联网的提出者，腾讯也看到了元宇宙中存在的机遇，并早有布局。依托其资金、内容、流量等方面的优势，腾讯也具备了搭建元宇宙的基因。

截至 2021 年第三季度末，腾讯旗下微信、WeChat、QQ 等社交平台的月活跃用户超过了 18 亿人，拥有超大的社交网络基础。同时，根据 2020 年全球各大游戏公司的财报，腾讯以接近 240 亿美元的总营收，远超索尼、任天堂等知名游戏厂商，高居全球榜首。社交和游戏方面的领先优势，为腾讯布局元宇宙提供了稳定的用户流量和落地土壤。

同时，2021 年 9 月以来，腾讯相继申请了"QQ 元宇宙""王者元宇宙""绿洲元宇宙"等商标，将旗下 IP 与元宇宙结合。凭借庞大的 IP 储备量和通过影视、文化等方式对 IP 进行快速转化的渠道，腾讯拥有将元宇宙变现的运营逻辑。

此外，腾讯对元宇宙收购的脚步也从未停歇。形成元宇宙虚拟空间离不开引擎工具的支持，Epic Games 旗下的虚幻引擎无疑是行业中的翘楚，而腾讯早早就投资了 Epic Games。Roblox 头顶"元宇宙第一股"的标签火热发展，而其投资名单里也出现了腾讯的身影。同时，腾讯还投资了虚拟演出运营商 Wave、AR 领域领头羊 Snap 等公司，不断完善自身的元宇宙产业链。

未来，互联网领域的企业可能在发力细分领域上有所不同，但发展方向会殊途同归：越来越多的企业将参与元宇宙或全真互联网的建设中，实现消费互联网、产业互联网的全面融合。在这一过程中，腾讯或将依靠其强大实力和全面布局，引领新生态。

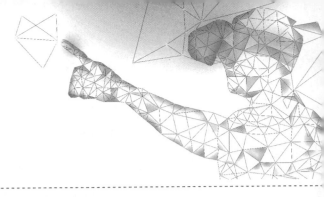

第 **5** 章

市场现状：元宇宙赛道
蓄势待发

随着互联网的飞速发展，元宇宙概念开始在全球备受追捧。除了号称元宇宙第一股的 Roblox，Facebook、微软、腾讯、网易、字节跳动等互联网大厂也悉数入局。除此之外，资本也对元宇宙疯狂加码，相关热门公司估值增长。在技术不断发展、热门公司估值增长、投资机构力挺等因素的叠加影响下，元宇宙拥有了巨大的发展潜力，越来越多的公司开始为自己贴上元宇宙的标签。

5.1 巨头加码，布局新蓝海

作为互联网领域的新蓝海，元宇宙拥有巨大的发展潜力。而为了保持自身的优势，互联网巨头们率先布局这片新蓝海。从调整战略、成立相关部门，到收购相关技术公司，推出新产品，互联网巨头们可谓是各显神通。

5.1.1 字节跳动：从芯片到 VR，加码布局

据报道称，字节跳动在 2021 年投资了光舟半导体。这家公司成立于 2020 年 1 月，致力于研发衍射光学和半导体微纳加工技术，设计并生产了 AR 显示光芯片及模组，旗下还有半导体 AR 眼镜等产品。

全息衍射光学一直被业界认为是 AR 光学的未来，而 AR 光学又是 AR 硬件系统的核心。众所周知，AR/VR 设备是元宇宙的重要入口，相当于移动互联网时代的手机。字节跳动投资光舟半导体，重视 AR 相关技术的研究，这显然是对元宇宙的布局。

除了投资光舟半导体外，字节跳动还做了许多其他布局。字节跳动斥资 90 亿元，收购我国 VR 行业独角兽 Pico，这是目前我国 VR 行业金额最高的一次收购项目。

据 IDC（互联网数据中心）数据显示，2020 年 Pico 的市场份额位居行业第一。2021 年 5 月，Pico 发布新一代 VR 一体机 Pico Neo3，其各项参数及定价已经接近行业标杆 Oculus Quest2，逐渐帮助我国 VR 头显设备告别了轻奢产品的标签。

在内容生态方面，Pico 加大力度引进游戏等内容，截至 2021 年年底，Pico 已有游戏近 200 余款。除此之外，Pico 还建立了我国规模较大的开发者社区，吸引了无数开发者，有非常强的内容开发实力。

这些动作并非是字节跳动对元宇宙的初步尝试，早在很久之前，字节跳动就已在 VR/AR 领域进行了研发投入，在环境理解、交互系统等方面有了许多研究成果。旗下产品抖音在 2017 年就已经推出了 VR 社交、AR 扫一扫、AR 滤镜等功能。而在近几年，随着元宇宙的爆红，字节跳动开启了加速布局之路，如

图 5-1 所示。

在资金方面，字节跳动已融资 10 亿美元，用于元宇宙的相关研究和开发，希望在未来的元宇宙竞争中寻求立足之地。

时间	企业名称	投资轮数/金额	领域	公司业务简介
2021/10/12	光舟半导体	Pre-A 轮/金额未知	芯片	产品用于半导体 AR 眼镜，为光波导行业领航者
2021/10/14	云脉芯联	天使轮/数亿元	芯片	专注于数据中心网络芯片研发的创新企业
2021/8/29	Pico	并购/90 亿	智能硬件	MR 一体机品牌商
2021/9/8	睿思芯科	A 轮/数千万美元	智能硬件	RISC-V 公司，为智联网提供核心处理器，主打产品适用于可穿戴设备、智能家居、智能安防等多种场景
2021/7/19	乐华娱乐	战略融资/持股 4.99%	唱片经纪	旗下拥有高人气虚拟偶像 A-SOUL
2021/7/12	黑帕云	A 轮/数千万元	企业服务	无代码搭建企业应用平台
20216/21	迦智科技	B+轮/亿元人民币	人工智能	人工智能系统与模块研发商
2021/5/27	悠米互娱	战略融资/持股 36%	游戏	游戏开发

图 5-1 字节跳动对元宇宙的相关投资

5.1.2 微美全息：成立全息元宇宙事业部，聚焦全息技术研发

微美全息软件有限公司（简称微美全息）是我国一家全息 AR 应用技术提供商，有全国领先的全息平台。其在 2021 年对外宣布成立全息元宇宙事业部，致力于元宇宙底层全息技术的研发。目前，微美全息已建立了全息技术研发体系、全息内容制作体系、全息商业化体系等全息领域研究体系。截至 2020 年年底，微美全息拥有图像处理和展示、3D 建模等方面的技术专利 195 件，软件著作权 325 项，制作的全息内容超过 4 600 项。2020 年，微美全息全年营业收入同比增 140%，高达 7.66 亿元。

想要建立一个概念中的元宇宙需要大量的硬件和软件技术支持，才能保证这

个虚拟世界的基本运行及内容生产。微美全息针对这个需求，利用自身优势布局元宇宙底层全息技术的软硬件开发，希望能加速元宇宙的进程。

在软件技术方面，微美全息根据成像检测和识别技术、视频处理和识别技术等，把全息 AR 内容融入虚拟应用中。微美全息的全息 AR 内容和全息成像服务，在元宇宙商业化中有着重要的商业价值。

在全息应用方面，微美全息拥有全息 IP 权益内容库，其内容从 3D 模型到全息虚拟产品应有尽有。微美全息 IP 权益内容库共 4 654 个全息 IP 权益内容，为开发全息 AR 解决方案奠定了深厚的基础，内容包括全息动漫、虚拟偶像、虚拟直播等。这些虚拟资产将为微美全息在发展元宇宙的过程中提供巨大的商业价值。

在全息硬件方面，微美全息推出了全息 XR 头显产品 "WiMi Hologram SoftLight"。该产品在图像色彩管理、可对接设备、佩戴体感等方面都做出了优化，这为微美全息开发元宇宙显示器奠定了市场基础。

目前，微美全息云的 3D 计算机视觉技术和 Saas 平台化技术，在广告、娱乐、教育、通信等领域都有了广泛的应用。相信随着元宇宙应用的普及，微美全息云还会迎来进一步的增长。

5.1.3 Facebook：更名为 "Mate"，押注虚拟现实

2021 年 10 月，Facebook 宣布更名为 "Meta"，股票代码也将变更为 "MVRS"。这一举动在业内引起了轩然大波，因为这次改名意味着 Facebook 的战略转型，即从 Facebook 优先变为元宇宙优先，代表着 Facebook 全面押注元宇宙的决心。

早在 2021 年 7 月，Facebook 就成立了元宇宙产品团队；9 月，宣布在全球投入 5 000 万美元用于建设元宇宙；10 月，表示在未来 5 年将雇佣 1 万人推动元宇

宙研究。Facebook 的更名目的是明确日后公司发展的整体规划，即不再局限于研究 2D 单一社交场景，而是全面布局 3D 沉浸式社交，以在未来的元宇宙竞争中拥有先发优势。

Facebook 对元宇宙的布局涵盖范围非常广，包括硬件、应用层、底层技术等方向，从各个方面积极推动元宇宙的形成。

1. 硬件

Facebook 从 VR 设备起步，完善显示技术，降低设备价格，优化元宇宙流量入口。2014 年，Facebook 收购 VR 设备厂商 Oculus VR，开启 VR 领域的布局。随后，Oculus VR 推出 Oculus Rift、Oculus RiftS、Oculus Quest 等产品，但由于技术问题，VR 设备的价格始终难以降低，400 美元的价格让普通消费者们望而却步。

2020 年，Oculus Quest2 上市，该产品完善了显示技术，并以仅 299 美元的低价受到广大消费者青睐。这款质量优质、价格较低的 VR 设备拉升了全球 VR 设备的销售额。到 2021 年年底，全球 VR 设备销量有望接近 1 000 万台。而根据 IDC 数据显示，2021 年 Facebook VR 设备的市场占有率高达 75%，比去年增长了两倍多。

Facebook 在 Facebook Connect 大会上表示，公司仍在持续研发高端 AR/VR 产品。具备更智能传感器和更纤薄光学器件的头显设备 Project Cambria 将于 2022 年发布，该设备能让用户在元宇宙中与其他用户实现眼神交流。另外，Facebook 还介绍了 AR 眼镜原型机——Project Nazare，该设备涉及全息、光波导等技术，并且镜片厚度不超过 5mm，兼具高性能和高便携性，但具体发布时间还未确定。

2. 应用

Facebook 从游戏、教育、办公等多领域发力，深入挖掘元宇宙在各领域的应用，致力于融合现实世界与虚拟世界。

（1）游戏

随着 VR 设备的普及，VR 应用的数量也在不断增长，其中游戏占比最高。据青亭网统计，2021 年，世界上最大的游戏平台之一 Steam 平台有 VR 应用 6 102 款，而 Oculus Rift 有 1 785 个应用，Oculus Quest 有 302 个应用，如果再加上第三方应用，Oculus 平台共有 VR 应用 4 300 个，规模接近 Steam 平台。

在 Facebook Connect 大会上，Facebook 宣布 *GTA* VR 版本将在 Quest 2 平台发布，同时推出《剑与魔法》。为了建设 VR 内容生态，Oculus 收购了 5 家 VR 游戏工作室。Facebook 目前好评率最高的游戏 *Beat Saber*，好评率高达 82%，累计收入 1 亿美元。

（2）教育、办公

除了游戏领域，Facebook 在教育和办公领域也做出了尝试，希望为用户提供沉浸式的教学和办公体验。

Facebook 设立了 1.5 亿美元的专项基金，希望在元宇宙中建立一个学习生态系统，融合社交、游戏、教育、办公等多种功能。2020 年，Horizon Beta 测试版上线，这是一款融合社交、游戏、会议等场景的 VR 应用平台；2021 年，Facebook 推出 VR 会议平台 Horizon workrooms。

3. 底层技术

在底层技术研究上，Facebook 持续加大底层系统及动捕技术的投资。Facebook 在 Facebook Connect 大会上推出 Presence 平台，希望帮助开发人员创建混合现实体验。Presence Platform 包含开发混合现实体验的 Insight SDK、为应用程序添加手部交互动作的 Interaction SDK、构建语音输入体验的 Voice SDK 等产品，这些产品可以帮助开发者创建混合现实体验，营造临场感。

除此之外，Facebook 还密集投资了计算机视觉、眼动追踪、AR/VR 变焦等技术。同时，因为 Facebook 现在的产品主要应用安卓系统，所以 Facebook 还在加速操作系统的研发，以消除安卓系统对其的影响。

5.1.4 微软：着眼办公领域，推出新产品

2021 年 7 月，微软提出企业元宇宙概念，希望通过构建资产、产品的数字模型，整合物联网和混合现实。2021 年 11 月，微软 Ignite 大会上，宣布启动元宇宙计划，发布混合现实平台 Mesh for Teams，计划于 2022 年推出。

微软打造企业元宇宙概念，在业界属于一枝独秀，其主要从硬件、技术及应用三个方面布局切入。

1. 硬件

微软从 AR 显示设备开始布局，着眼于 B 端市场。微软共推出 HoloLens 和 HoloLens 2 两代全息 AR 产品，HoloLens 融合了切削边缘光纤和传感器；HoloLens 2 则配合使用了混合现实和 Dynamics 365，增强了眼部追踪、手势识别等功能。目前，该系列产品广泛用于制造业、医疗业、教育业，客户包括帝国理工学院、梅赛德斯－奔驰、美国东北大学等。

2. 技术

微软在技术上布局企业云平台，推出通用开发工具。微软旗下 Azure 云是企业级公有云平台。用户可将物理资产连接到云，创建数字模型，进行数据分析。微软推出的全息技术 Windows Holographic 可以为用户提供全息影像框架、感知API 等服务。此外，微软还推出了开源开发工具包 MRTK，方便用户进行 MR 及Hololens 应用的开发及拓展。

3. 应用

微软从游戏应用开始，逐步拓展在办公、制造等场景上的应用。微软映射现实，推出《我的世界》《光晕》《模拟飞行》等游戏。其中，《模拟飞行》模拟了道路、山脉、城市和机场，堪称史上最逼真、包含对象最广泛的飞行模拟游戏。

除此之外，2016 年，微软推出 Dynamics 365，用于解决企业资源计划和客户关系管理等问题，帮助企业提高经营效率。2021 年，微软推出混合现实会议平台 Mesh，将 AR/VR 技术用于远程协作。目前，Teams 在全球拥有 1 300 多万日活跃用户。

5.2 资本看好，元宇宙领域产生多笔融资

每当一个新商业模式兴起时总会掀起一波资本狂潮，区块链、人工智能皆是如此，元宇宙也不例外。自元宇宙概念在 2021 年爆发开始，元宇宙相关领域融入大量资本。截至 2021 年 8 月，全球 AR/VR 领域共完成融资 22 笔，融资总金额增加到 18 亿 4 882 万美元。可见，资本非常看好元宇宙，已经开始用"砸钱"来抢占赛道。

5.2.1 Admix 获 2500 万美元融资，聚焦元宇宙货币化

根据媒体报道，In-Play 货币化公司 Admix 获得了 2 500 万美元的 B 轮融资，由 Elefund、DIP Capital 领投，Speedinvest、Colopl Next、Sidedoor Ventures 等公司跟投。

Admix 在 2018 年由 Samuel Huber 和 Joe Bachle-Morris 在伦敦创立，主要为 Unity 和 Unreal 开发者提供广告开发 SDK（软件开发工具包），帮助开发者实现内容变现。

目前，全球有多个游戏品牌和广告商使用 Admix 平台。广告商可以拖放 SDK 进入游戏世界，得到数据和浏览量报告。

Admix 创始人 Samuel Huber 曾公开表示，本次融资是 Admix 的新开始，它是 Admix 团队多年努力的成果，而且这个成果令人欣喜。Admix 坚信互联网将进入新阶段，即 Web 3.0 或元宇宙，其特点是实时 3D 交互和创作者经济时代。而 Admix 通过建立 In-Play 将游戏与元宇宙货币化，为创作者经济的形成提供了关键基础设施。

根据 Admix 的研究表明，In-Play 货币化对于游戏品牌来说非常重要，很多游戏品牌都计划在未来几年开展 In-Play 项目。Admix 创始人 Joe Bachle-Morris 认为 Admix 一定能凭借自身的技术优势，在近几年实现业务的高速增长和规模的持续扩张。

正如 Joe Bachle-Morris 所畅想的，Admix 的确经历着超速增长期。2021 年，Admix 公司规模翻了一倍，拥有超过 80 名员工，同时与 Calvin Klein、Movember、Sky 等公司签订合作协议，扩展了合作品牌数量。

5.2.2　Treeverse 完成巨额融资，聚焦区块链游戏

随着元宇宙概念的流行，区块链游戏也逐渐走入了大众视野。虚拟宠物游戏 Axie Infinity 引发了新一轮的元宇宙游戏趋势，日活用户突破百万人；Decentraland 开辟了虚拟房地产交易新场景，引发了虚拟世界的"炒房"热潮。

Treeverse 也是备受期待的元宇宙游戏之一。Treeverse 是一款面向 NFT 收藏

家的开放世界的社交游戏。玩家可以在 Treeverse 中建造房屋，展示自己的 NFT 藏品，并查看其他人的 NFT 藏品。如果玩家拥有特定的 NFT，还可以加入公会。除此之外，玩家还可以在 Treeverse 中与其他收藏家社交，邀请他们到自己的房子参观。同时，Treeverse 中还内置交易市场和互动的小游戏等。

Treeverse 公司由 Loopify 和 Aizea 创立，2021 年以 2 500 万美元的估值完成了一次融资，由 IdeoCo Labs、SkyVision Capital、Stani Kulechov 等机构投资。

Treeverse 公司完成巨额融资意味着大型多人在线角色扮演游戏是元宇宙的发展方向之一，这些游戏支持用户在虚拟世界中用 NFT 交互，是元宇宙经济系统的雏形。

Treeverse 公司还发布了第一个官方 NFT——10420 块虚拟土地收藏品，每块虚拟土地发布价格为 520 美元，仅一小时便被抢购一空。目前，这些名为"创始人私人地块"的虚拟土地收藏品的交易价格已经超过了 2 000 万美元，平均每块虚拟土地的交易价格为 7 000 美元。

NFT 的出现为 Treeverse 这样的游戏增加了一个有趣元素，即用户可以确认自己数字资产的所有权，这是在元宇宙中建立经济体系的前提。资本对 Treeverse 游戏的投入，显然也是看好这一点。

5.2.3 环球墨菲吸引投资，打造元宇宙数字资产平台

数字资产运营公司环球墨菲宣布完成数千万元的 A+轮融资，由渠丰国际、36 氪基金领投，海石资本跟投。这些资金将用于开发数字资产平台，为数字娱乐产业提供高效的交易服务。

环球墨菲于 2017 年成立，是一家专注于数字资产，利用虚拟制作技术为数字娱乐产业提供个性化服务的元宇宙公司。环球墨菲的商业模式包括虚拟内容制

作、虚拟数字化营销、数字版权资产交易三个方面。

1. 虚拟内容制作

环球墨非成立初期主要以视觉特效业务为主,基于公司高管的特效技术经验,参与过许多影视剧的制作,如《中国女排》《大闹天宫》《画皮2》等。

2. 虚拟数字化营销

除了制作影视相关的虚拟内容外,环球墨非从2019年开始拓展广告、游戏、动漫、文旅等领域。利用自身先进的虚拟制作技术,为数字娱乐产业提供定制营销服务,同时整合下游渠道,利用短视频等形式做分发推广。

3. 数字版权资产交易

环球墨非在2021年提出公司的下一步业务重点,即数字资产整合和产业链应用。目前,数字娱乐产业中存在大量的数字资产,潜藏着巨大的价值。环球墨非将推出数字资产交易平台"数字云库",目标将数字资产整合一处,将数字娱乐产业上游的存量版权再次流通,开发其潜在价值。同时帮助下游的创作者们降本增效,为他们提供源源不断的内容素材。

第 6 章

多重入口：游戏+社交+教育+办公

既然元宇宙已经成为当下的热点，那么企业该如何入局元宇宙？很多人都把目光放在当下火热的游戏和社交等领域。但事实上，元宇宙的入口不只有这两个方面，在教育、办公等主流领域，元宇宙也存在很大的发展机会，值得企业关注。

6.1 游戏+元宇宙：天然的契合性

游戏和元宇宙十分具有契合性，是元宇宙发展的天然温床，这也是很多企业立足游戏领域布局元宇宙的原因。当下，已经有一些游戏融入了元宇宙元素，搭建了元宇宙的雏形。而在未来，游戏将会变得越来越开放，边界也会不断拓展，最终孕育出真正的元宇宙生态。

6.1.1 游戏是元宇宙的基础形态

游戏对于搭建元宇宙来说十分重要，甚至可以说，游戏具备了元宇宙的基础形态。为什么这么说？游戏搭建了一个虚拟世界，展现出了元宇宙的初级形态。元宇宙的终局形成一个基于现实的平行世界，而游戏作为对现实的模拟，与元宇宙具有一定相似性。

一方面，游戏和元宇宙都会存在一个虚拟空间，不同的是，游戏中打造的虚拟空间是有界限的，而元宇宙是没有界限、不断扩展的。但在元宇宙未成形之前，游戏提供的有界限的虚拟空间依旧是元宇宙形成的温床。当下，很多游戏都在不断扩大版图、引入 UGC 创作模式，不断增加游戏的内容体量。这些都为元宇宙的形成奠定了基础。

另一方面，游戏和元宇宙一样，都会提供一个虚拟化身，让人们以这个虚拟化身进行游戏、社交、创造等。不同的是，游戏中的虚拟化身是人们依据游戏中提供的模板设计的，且多为卡通形象，而元宇宙中的虚拟化身会更加写实、更加自由。游戏的这一特点会为元宇宙的搭建提供许多便利，未来的游戏也在虚拟游戏的设计上更加自由开放，逐渐向元宇宙靠拢。

当前，以 Roblox 为代表的元宇宙游戏已经得到了市场和用户的认可。Roblox 财报显示，Roblox 全球用户 2021 第二季度消费总时长达 97.38 亿小时，活跃用户日均上线时长达 2.5 小时，用户黏性强。

同时，Roblox 形成的 UGC 生态吸引了大量的创作者，活跃的创作者社区提升了平台对于用户的吸引度。同时，用户在平台上的消费会为创作者带来丰厚的收入，从而激励创作者更加积极地开发新的游戏内容。在这样的良性循环下，Roblox 获得了更好的发展。此外，Roblox 具有很强的社交属性，通过强大的社交关系也能够保证较低的获客成本，并提高用户黏性。

无论是游戏和元宇宙相同的特点，还是 Roblox 的成功，都表明游戏和元宇宙十分契合。以发展的眼光来看，在未来的发展中，游戏将融入更多的元宇宙元素，为形成元宇宙提供更多的支持。

6.1.2 游戏领域竞争激烈，巨头纷纷抛出"杀手锏"

在元宇宙概念火爆之后，诸多游戏大厂加入元宇宙商标抢注的队伍中，米哈游申请了"米宇宙"、网易申请了"网易元宇宙""伏羲元宇宙"等商标。游戏元宇宙的战争已进行得如火如荼。

以开放世界游戏《原神》盈利的米哈游将未来发展的目光瞄向了元宇宙。其总裁蔡浩宇表示，米哈游十分重视科技研发，也会进行 AI 方面的投资和研究，希望能够在未来打造出《头号玩家》中所描绘的虚拟世界。

除了游戏市场中的新秀米哈游，老牌玩家网易在布局元宇宙方面也信心十足。在游戏领域深耕数十年的网易已经形成了多元化的产品矩阵，自主研发了《梦幻西游》《逆水寒》《阴阳师》等游戏，同时代理了《魔兽世界》《我的世界》等风靡全球的游戏。多元的产品满足了不同玩家的需求，帮助网易开拓了市场。

网易在元宇宙布局中主要有两大优势。一方面，网易有很好的游戏开发背景资源，在人才、经验上有明显的优势；另一方面，网易在元宇宙的相关合作较多，如和索尼共同研发 VR 游戏，和 3D 虚拟引擎团队不鸣科技达成合作等。这些都为未来的竞争打下了坚实基础。

在众多游戏厂商布局元宇宙的当下，网易也加强了进军元宇宙的脚步。除了申请元宇宙相关商标外，网易还进行了多方投资，如投资了虚拟数字人生态公司次世文化、虚拟形象技术公司 Genies、打造虚拟演唱会的直播公司 Maestro 等。在 VR 领域，网易投资了 VR 设备厂商 AxonVR、VR 直播公司 NextVR 等。

可以看出，网易的投资已经覆盖了 VR 技术、虚拟数字人技术等元宇宙内容的许多方面。谈及对未来的规划，网易 CEO 丁磊曾表示："在技术和规则各个层面上，网易已经做好准备了，我们怎么去做规则的设计，怎么去做技术的储备。所以你不用担心当元宇宙世界降临的那一天，我们不会没有准备，可能枪一响，我们跑得比谁都快。"

游戏元宇宙领域的竞争无疑是十分激烈的，除了米哈游、网易之外，完美世界也曾表示十分看好元宇宙，并且已经在产品研发中融入了元宇宙元素。同时，莉莉丝游戏也对标 Roblox，努力研发 UGC 创作平台。借助自身牢固的基本盘，这些游戏厂商发力元宇宙也得到了市场和资本的认可。相信在未来的发展中，将会有更加成熟的元宇宙产品出现。

6.2 社交+元宇宙：探索线上社交新体验

在社交领域，为搭上元宇宙的顺风车，许多企业瞄准社交元宇宙方向，力求在这一领域占领高地。借助虚拟身份和虚拟场景，企业可以为用户提供多样化的新奇体验。同时，从发展方向上来说，"连接"依旧是企业布局社交元宇宙的核心。

6.2.1 "虚拟形象+虚拟场景"打造社交多玩法

2021 年 10 月，在华为 2021 年开发者大会上，Soul 以亮眼的用户增长数据荣获"最佳潜力应用"称号。随后，Soul 又在 2021 OPPO 开发者大会上荣获"最佳增长应用奖"。此外，Soul 还获得了 VIVO 应用商店颁发的"优秀合作奖"。Soul 能够获得认可，与其提出的"社交元宇宙"概念和用户的青睐密切相关。

聚焦社交元宇宙概念，Soul 将自己标榜为"年轻人的社交元宇宙"，并因此获得了大量用户的支持。虽然 Soul 还没有实现沉浸式虚拟社交，但相比其他社交软件，Soul 已经具备了不少元宇宙元素。

一方面，在 Soul 中，用户会得到一个虚拟身份，以此建立自己在虚拟空间的社交关系网。用户可以通过捏脸系统设计个性化的虚拟形象，也可以通过文字介绍、语音展示、内容发布等打造自己的人设，突出自己的优势和个性；另一方面，Soul 为用户社交提供了多样的途径。用户可以通过文字、语音、视频等方式进行社交，也可以参加多人互动的聊天派对，或者和他人一起玩狼人杀、解谜游戏等。在 Soul 中，用户的所有社交活动都是基于虚拟形象和身份的。在这里，用户可以自由展示自己的优势，不必受身高、容貌、社会地位等因素的影响，从而获得更好的社交体验。

虽然 Soul 在元宇宙社交方面并不成熟，但我们依然可以通过其窥探未来的元宇宙社交全貌。虚拟形象能够使用户突破容貌、外表上的社交障碍，在更轻松的氛围中展现自我。而多样的虚拟社交场景除了能够为用户提供多样的谈资外，还能够丰富用户的社交体验。此外，在未来沉浸式的社交场景中，用户能够通过虚拟形象和虚拟场景获得更真实、多样化的社交体验。

6.2.2 元宇宙社交的本质依旧是连接

从社交的发展历程来看，技术的发展推动了社交方式的变革。在 2G 技术之下，文字成为人们社交的桥梁；而在 3G 时代，更直观醒目的图片逐渐成为社交的主流媒介；随后，在 4G、大数据、云计算等技术的支持下，短视频时代到来，人们的社交方式更加便捷。

在短视频社交之后，社交环境正在经历着新的变动，元宇宙社交成为社交发展的新方向，沉浸式虚拟社交将在未来成为现实。目前，已经有一些企业在这方面进行了探索。例如，天下秀公司就推出了我国第一个基于区块链的虚拟社交平台"Honnverse 虹宇宙"，目前已经进入测试阶段。

该产品基于区块链技术形成去中心化的社交场景，并能够为用户提供沉浸式的社交体验。在这里，用户可以获得虚拟形象、打造个人身份，获得虚拟房产，并进行个性化的装修。值得一提的是，在房屋中的音响、电视、展示墙中，用户可以自行加入自己喜爱的视频、音频或图片，展示自己的个性。同时，虹宇宙不仅支持用户进行虚拟社交，还支持数字藏品交易，具有完善的经济体系。

元宇宙下的沉浸式虚拟社交将对当前的社交场景产生颠覆式的变革。当人们身处社交元宇宙中时，他们可以以虚拟化身、凭借个人兴趣图谱在接近真实的虚拟世界中找到志同道合的伙伴，建立新的社交连接。简单来说，元宇宙中的社交将脱离当前社交中的羁绊，兴趣爱好将成为交友的主要考量因素。同时，以更长远的目光来看，全新的社交场景将催生多样的内容创作者，带来新商业形态。

在这个过程中，对于企业来说，怎样通过技术保证用户体验是其应该关注的核心问题。其中，企业需要注意的一点就是在元宇宙社交中，连接依旧是其本质。

虹宇宙就是连接用户、创作者和品牌的一种新的尝试。在虹宇宙的社交场景中，用户可以自由建立数字化的社交关系，而创作者可以在开放的内容体系中进行创作，获得更好的创作体验。同时，在这个完善的社交生态中，品牌能够将现实世界中的营销场景搬到虚拟世界中，甚至在这里创造现实中无法实现的营销场景。

社交元宇宙意味着更多的连接，这不仅指的是用户社交关系、社交场景间的连接，也包括虚拟世界和现实世界的连接。只有做好这两方面的连接，才能够更好地形成并发展社交元宇宙。

6.3 教育+元宇宙：教育打破时空界限

　　随着元宇宙热度的提升，越来越多的人参与元宇宙的讨论中，并提出了新的想法。很多人认为，教育领域也是元宇宙的一大入口。当前，VR 技术已经在教育领域有所应用，而在未来，整个教育场景都将被搬到元宇宙中。

6.3.1 元宇宙教育：虚拟身份+虚拟教学场景

　　当前，VR 教育已经出现在当下的教育场景中。同时，中国传媒大学、加州大学伯克利分校等成功地将毕业典礼搬到了虚拟世界里。这些都激发了人们对于元宇宙教育的想象，很多人都在讨论"如何通过 VR 增强学生的学习体验""如何将毕业典礼搬到云端"等。

　　从教育场景上来说，元宇宙教育将会颠覆当先的教育场景。例如，在讲课过程中，当前很多老师在讲到"钻石的碳原子排列和普通石墨的碳原子排列方式不同"等干货知识时，往往通过图片的方式向学生进行展示，难以给学生留下深刻印象。而在元宇宙中，抽象的立体结构将变成生动、立体的结构，更便于学生记忆。

　　此外，在进行化学实验时，学生往往会因为失败的实验浪费很多材料，也会面临很大的安全风险。而如果将实验场景搬到元宇宙中，那么学生就可以在一个无比真实的实验场景中身临其境地进行各种实验，既不会造成对材料的浪费，同时也避免了实验过程中或实验失败后产生的安全风险。

元宇宙教育对当下教育的改变是巨大的，其不单纯指的是 VR 教育，或简单地将线下教育搬到线上，而是所有的教育参与者将以一个虚拟身份重新参与一个虚拟世界中。

在元宇宙中，学生的身份远不同于当下的身份。在当下的线上教育中，学生是学习的参与者，在登录自己的账号后，在一个中心化的教育平台上进行学习，学习的自由性被大大束缚。如学生往往会根据统一的学习进度进行学习，学习的内容也是事先设定好的。

而在元宇宙中，学生不仅是参与者，还是创作者，可以在其中发挥自己的创造力，在前人留下的内容基础上进行创作，甚至形成新的共识，影响之后的学生。同时，学生在其中的学习也更加自由，可以随意选择自己喜爱的教学场景、课程，甚至是 AI 虚拟老师，在 AI 虚拟老师的一对一辅导下获得更好的学习效果。

同时，在教学场景方面，元宇宙也有很大的创新。其不仅能够将现实生活中的教育场景搬到虚拟世界，将更多平面化的教学场景变得立体化、可视化，还将创造出无数新的教学场景，打破时间和空间的限制。在这个想象力十足的虚拟世界中，自由探索太空、"遨游"于海底，甚至踏遍名山大川，这些都将变成现实。

6.3.2 教育公司入局元宇宙成为趋势

在市场看好元宇宙教育的同时，一些目光独到的教育公司已经开始布局元宇宙了。在国外，韩国的 Hodoo Labs 公司推出了 Hodoo English 产品，将 300 多名虚拟角色超过 4 000 种沟通情景融入虚拟世界的英语会话中。用户可以在 5 个大陆、30 多个虚拟村庄中游历，和不同的人沟通，以培养英语能力。Hodoo Labs 公司称，将在未来引入更多课程和更多沟通情景，用户可以在虚拟世界中参加读书节目、编程节目等。

在国内，也已经有一些教育公司将发展的目光放在了元宇宙领域。2021 年 11 月，开元教育表示，公司旗下的天琥教育正在积极关注元宇宙相关技术的应用，并在积极开发相关课程。具体来说，天琥教育将利用最新的虚幻引擎 5 结合 XR 技术作为进军元宇宙领域的突破点，为行业提供专业人才培养课程。

此外，2021 年 10 月，以文学和教育为发展方向的中文在线也表达了对元宇宙的看好，并表示公司会将元宇宙作为未来的长期发展战略。从内容上看，中文在线拥有超过 500 万种的数字资源、约 40 万小时的音频资源，以及动漫、影视等数字内容衍生品，具有庞大的内容基础。从业务上看，中文在线已经推出沉浸式阅读平台，这与元宇宙强调的沉浸感和体验感具有很强的关联性。

此外，在元宇宙布局方面，中文在线成立了杭州中文宇宙科技有限公司，集中力量进行虚拟现实设备制造、人工智能软件开发及区块链相关的技术和服务。同时，公司已经组建了包括文学事业部、知识产权事业部和相关研发人员的元宇宙团队，将在未来推进元宇宙相关内容的研发。

通过以上教育领域公司的动作可以看出，很多教育公司都注意到了元宇宙的火热趋势，并积极探索 XR、AI 等技术，发力元宇宙教育领域，力求借助技术给用户带来更优质的教育体验。未来，凭借新技术和强大的内容支持，教育元宇宙领域也将出现更成熟的产品。

6.4 办公+元宇宙：更高效，更便捷

元宇宙将极大地改变人们的工作方式。当前，在数字化技术的发展下，许多

办公场景已经从线下走到了线上，而元宇宙的到来将加速办公方式的变革，提供全新的办公体验。目前，已经有一些企业进行了虚拟办公的尝试，从中我们也能够一窥元宇宙办公的全貌。

6.4.1 多重改变，升级全新办公体验

随着数字化的发展，视频会议变得越来越普遍，远程线上办公也变得更加常态化。而随着元宇宙的发展，将开启全新的办公场景，人们的办公体验也将大大提升。

元宇宙办公即将办公场景转移到一个持续在线的共享虚拟空间，这与目前的线上沟通有何不同？在这个虚拟空间中，人们可以创建一个虚拟化身，同时借助XR 设备和各种传感器、动捕设备，人们可以在虚拟空间中有真实的沉浸感，自由地和同事聊天、互动，参加面试，或和客户沟通，大大提高线上沟通的效率。

疫情期间，很多在线会议软件成为人们居家办公的必备工具。但在扎克伯格看来，这样的工作方式还有很大的发展空间，真正有趣的是让人们能够脱离现实空间，在虚拟空间里进行真实的沟通和工作，而 Horizon Workrooms 就进行了这方面的尝试。

Horizon Workrooms 为参会者提供一个虚拟空间。参会者借助 VR 设备进入，用自己的虚拟化身和其他虚拟化身交流。总体来看，Horizon Workrooms 有以下几个特点，如图 6-1 所示。

1. 可定制的虚拟化身

登陆 Horizon Workrooms 后，人们需要先捏出一个虚拟形象，然后进入虚拟会议室。之后，大家可以像开真实会议一样彼此围坐。在定制虚拟形象时，人们可以自行捏脸和搭配服饰，甚至可以还原现实中的自己。

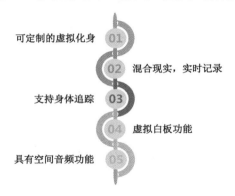

图 6-1　Horizon Workrooms 的特点

2. 混合现实，实时记录

Horizon Workrooms 能够连接虚拟空间和现实世界。为了让虚拟会议室更加真实，虚拟会议室中融入了键盘追踪功能，使人们身处虚拟空间中，也可以在电脑中做笔记，或者和其他参会者共享电脑屏幕。

3. 支持身体追踪

Horizon Workrooms 支持头部和手势追踪，这使得人们在现实中的动作能够在虚拟世界中再现。例如，当人们转移视线看向同事时，视野会随之变化；当与其他同事进行手势交流时，虚拟化身也会呈现出相同的动作。

4. 虚拟白板功能

白板是头脑风暴的重要工具，可以让人们随时记录信息。因此，Horizon Workrooms 中也嵌入了虚拟白板功能。人们可以在虚拟白板中写写画画，记录会议要点。在具体操作上，人们只需要在现实世界中的桌面上进行书写，然后这些笔记就会被显示在虚拟白板上。

5. 具有空间音频功能

Horizon Workrooms 提供的虚拟会议空间也可以根据人们的需要自行设计，可以是圆桌办公室，也可以是阶梯式办公室。为了让人们在虚拟空间中更有真实感，

Horizon Workrooms 融入了空间音频功能，人们可以真实地感受到其他人传来的声音方向和大小，从而获得沉浸感。

综上所述，我们可以发现，虚拟会议和现实中的会议相比有很大不同，但其能够在保证便捷性的同时提升人们的会议体验。而随着元宇宙的发展，虚拟世界将变得更加拟真，提供更真实的沉浸感，到那时，元宇宙中的会议或将提供给人们更好的体验。

6.4.2 云楼元宇宙办公：复刻现实中的办公场景

在元宇宙办公方面，很多公司都入局元宇宙产品的研发，并交出了自己的答卷。移动微世界网络科技有限公司就推出了自己的元宇宙办公产品——云楼 SOHO，帮助很多用户实现了元宇宙远程办公。

云楼 SOHO 等比例真实还原了现实世界中的办公场景，有员工开放办公区、总经理办公室、茶水间、会议室等，如图 6-2 所示。

图 6-2 云楼 SOHO 中的虚拟办公场景

在这个虚拟空间中，人们可以直接走到同事面前，"面对面"沟通，无须借助任何通信工具。同时，云楼 SOHO 中有员工专属的工位、不同类型的办公室、会议室，还有茶水间和文化长廊等，能够让身处虚拟世界中的人们依旧具有归属感。

云楼 SOHO 还具有一个十分核心的功能，那就是拥有先进的通信系统。不同于传统的在线会议，云楼 SOHO 提供的实时性、互动性和沉浸感，使得人们之间的相互沟通可以实时呈现。当人们在云楼会议室开会时，会议室中的屏幕可以实现联动，实现视频、直播、屏幕共享等功能，使会议更加高效。

以往，随着公司规模的扩大，公司的办公场地也需要随之扩大，这在一定程度上降低了公司运转的效率。而元宇宙办公则打破了现实世界的束缚，员工不需要来到真实的办公场地上班，公司也不必担心办公场地紧缺。甚至，公司可以在元宇宙中创办自己的虚拟公司，虽然员工依旧需要借助虚拟化身来公司上班，但解除了物理条件上的限制，员工不必每天通勤，也可以轻松实现在家办公。

元宇宙办公是对当前办公形式的一次重大变革。在这里，公司没有了办公场地和办公基础设施的成本负担，也可以全球招募更适合公司的人才；而员工也能够节省更多的时间，以较低的生活成本享受更高的生活质量。

第 **7** 章

虚拟数字人：人类进入虚拟世界的可行方案

当前，在我们的生活中已经出现了不少虚拟数字人。小红书推出"潮流数字时代"计划，推广虚拟数字人作为博主发布笔记；B 站为虚拟主播开设了分区；湖南卫视推出了虚拟主持人小漾。这些变化都表明虚拟数字人市场正在升温。作为和元宇宙接轨的一个新方向，虚拟数字人成为众多科技公司角逐的蓝海市场。虚拟数字人究竟是什么？为什么说它是元宇宙赛道的新风口？

7.1 提供路径：虚拟数字人助力人类向元宇宙进发

人们进入元宇宙需要一个虚拟化身，同时元宇宙中还会有各种智能的 NPC，这些都属于虚拟数字人。虚拟数字人为人们进入元宇宙提供了可行路径。同时，在发展中，虚拟数字人已从平面走向立体，以多种身份融入现实中的多个领域。虚拟数字人的发展也吸引了更多的企业开始关注这个领域，并以这一领域为立足点探索元宇宙。

7.1.1 虚拟数字人是进入元宇宙必要的数字化身

提起虚拟数字人，有的人会想到登上春晚的洛天依、有的人会想到 B 站上唱跳俱佳的虚拟主播、有的人会想到活泼可爱的虚拟助手。那么，什么是虚拟数字人呢？

中国人工智能产业发展联盟发布的《2020 年虚拟数字人发展白皮书》报告中提到，虚拟数字人是具有数字化外形的虚拟人物，依赖显示设备存在，拥有人的外貌、人的行为，以及人的思想。

根据交互方式的不同，虚拟数字人可以分为智能驱动型虚拟数字人和真人驱动型虚拟数字人两种。智能驱动型虚拟数字人以深度学习技术为核心，初音未来、洛天依等虚拟偶像，有虚拟形象的虚拟助手等都属于这一类型。真人驱动型虚拟数字人不具备智能属性，依靠真人驱动，虚拟数字人的动作由佩戴动作捕捉设备的演员生成。例如，B 站上的一些虚拟主播会通过动作捕捉设备进行表演或直播。

从短期来看，智能驱动型虚拟数字人，如虚拟主持人、虚拟员工等在市场中拥有广泛的应用空间。从长期来看，以真人驱动的虚拟数字人将成为元宇宙的核心入口。例如，日本 Virtual Market（虚拟市场）曾多次举办虚拟漫展，吸引了大量的人前来参展。在展览中，每个人都有自己的虚拟身份，并且可以自由地在这片虚拟空间中结伴逛街、逛展，如图 7-1 所示。这展示了真人驱动型虚拟数字人更大的应用空间。

元宇宙能够复刻现实世界中的场景，同样也能够复刻现实中的人。现实生活中，有演员、主持人、客服等各行各业的人；同样，在元宇宙中也会有虚拟演员、虚拟主持人、虚拟客服等。此外，现实生活中的每一个个体，都可以在元宇宙中拥有一个虚拟化身，人们可以通过其进行活动，做自己想做的事情。

图 7-1　Virtual Market 展会现场

7.1.2　从平面到立体，形象更加写实

相比于 2021 年引爆的元宇宙，虚拟数字人的历史更为悠久，可追溯到虚拟歌姬林明美，如图 7-2 所示。

图 7-2　虚拟歌姬林明美

林明美源自日本动画《超时空要塞》，在其中的身份是一名歌姬。在该动画大火后，林明美获得了许多观众的喜爱，于是制作方乘胜追击，以林明美的身份推出了一张专辑，而该专辑也收获了众多好评。借此，林明美成功走出动画，以虚拟歌姬的身份出道。

从林明美，到后来的初音未来、洛天依等虚拟偶像，都受到了众多粉丝的喜爱。而这时候的虚拟数字人是平面的，以卡通形象为主。而后经过技术的发展，在 3D 建模、全息投影等技术的支持下，虚拟数字人有了更为立体的形象。

2020 年 10 月，一位名叫"阿喜"的虚拟数字人走红网络，吸引了许多粉丝的关注。截至 2021 年 11 月，其粉丝数量已突破 28 万，如图 7-3 所示。

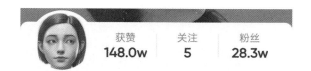

图 7-3 "阿喜 Angie"抖音账号

阿喜有着白皙红润的皮肤、漂亮的大眼睛和柔顺的短发，会在夏天吹风扇、站在海边吹风。其抖音账号上发布的都是她日常生活中的小事，十分具有生活气息。从账号内容来看，就像是一个活泼可爱的小姑娘在分享自己的生活，但事实上，阿喜并不是真人，而是一个虚拟数字人。正因如此，阿喜的很多视频都会获得很高的点赞量和播放量，仅仅是一个吃苹果或者卷刘海的短视频，也该会吸引众多观众的目光。

当前市场中，像阿喜一样的超写实虚拟数字人并不少，她们可能是虚拟偶像、虚拟主播、虚拟客服等。虚拟数字人从平面到立体的发展，彰显了虚拟数字人技术的进步，也能够带给人更真实的体验。

而在未来，在元宇宙中的我们可能也会拥有超写实的虚拟化身。这并不是一种想象，Epic Games 在 2021 年 2 月推出了一款新的应用 MetaHuman Creator，可以让用户在短时间内实现实时动作捕捉、完成人物渲染，轻松打造出超写实的虚拟数字人。这无疑进一步拉近了人们与元宇宙间的距离。

7.2 融入现实：以多种身份遍及多领域

我们打开电视，电视中的主持人可能是虚拟主持人；我们去金融机构办业务，为我们服务的可能是虚拟员工；当我们上网课时，授课的可能是虚拟老师；当我们去医院时，为我们看诊的可能是虚拟医生。当前，虚拟数字人已经广泛融入我们的生活。

7.2.1 传媒领域：虚拟主持人成传媒行业新宠

有这样一类主持人，他们能够随时上岗，进行全天候的播报，能够根据不同的场景变换服装，这就是在传媒领域大受欢迎的虚拟主持人。同时，随着虚拟数字人技术的发展，虚拟主持人从平面形象变为了立体形象，也变得越来越智能。

2020 年 5 月，新华社推出了虚拟主持人"新小微"，一身蓝白色正装的她走进虚拟演播室，新闻播报、做手势、转换表情等无一不能，如图 7-4 所示。

图 7-4 虚拟主持人新小微

这并不是新华社首次推出虚拟主持人。早在新小微之前，新华社就已经有了虚拟主持人"新小浩""新小萌"等。与之前的虚拟主持人不同的是，新小微是基于 3D 建模形成的超写实的虚拟主持人。基于此，新小微不仅外貌栩栩如生，也能够灵活地做出各种动作。同时，作为 AI 驱动的虚拟主持人，新小微的功能也更加强大。依据输入的文本内容，新小微能够自动播报新闻，表情、动作自然。

除了新华社外，中央广播电视总台、湖南电视台等很多传媒机构都推出了虚拟主持人。这些虚拟主持人都可以自动完成新闻播报。为什么传媒机构如此看好虚拟主持人？相比于真人主持人，虚拟主持人拥有更多优点，如图 7-5 所示。

1. 全天候主持

现实生活中，真人主持人在长久的工作后会感到疲惫，产生口误。而虚拟主持人可以全天候待命，不会疲惫，不会口误，能够根据需要高质量地完成工作。

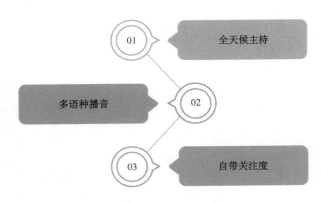

图 7-5　虚拟主持人的优点

2. 多语种播音

传媒领域虽然有一些可以多语种播报的真人主持人，但也是稀缺人才。而虚拟主持人在 AI 技术的支持下，可以更轻松地进行多语种播报。科大讯飞就曾推出过一个能够进行中、英、日、韩等多语种播报的虚拟主持人"小晴"，完成多语种播报的工作。这样的虚拟主持人能够大大节省新闻播报的人力和物力成本。

3. 自带关注度

相比真人主持人，虚拟主持人因其新奇备受关注。央视主持人撒贝宁曾和一个酷似自己的虚拟主持人同台主持。在主持对话中，虚拟主持人妙语连珠，甚至与撒贝宁抢起了台词，让观众忍俊不禁。

当前虚拟主持人在传媒领域的应用已较为普遍。未来，随着虚拟数字人技术的发展，虚拟主持人也将进一步得到发展和普及。

7.2.2　金融领域："虚拟员工"也是行业专家

随着技术的不断发展，虚拟数字人的功能也变得更加强大。除了单方面输出内容外，虚拟数字人还能够和人们交互，根据人们的需求输出专业内容。在金融领域，作为虚拟员工的虚拟数字人能够为人们提供贴心的服务。

魔珐科技曾与光大银行携手，推出了虚拟员工理财顾问"阳光小智"，如图 7-6 所示。

图 7-6　虚拟员工阳光小智

阳光小智是一个立体形象的智能客服，不仅具有专业的业务能力，还能够提供人性化的服务。面对客户，她会亲切询问客户的业务需求，并通过流畅的语言和自然的动作与客户进行实时互动。她可以 7×24 小时不间断地为客户提供标准化、专业化的服务，实时为客户答疑解惑。

除了光大银行外，厦门银行、浦发银行等都已上线了虚拟员工，越来越多的金融机构意识到了虚拟员工的优势。虚拟员工可以将更多的员工从繁忙的重复性工作中解放出来，从事更有价值的工作。同时，员工在处理工作时，存在录入错误、操作失误等风险，而虚拟员工以 AI 驱动，遵循既定的流程和规则，能够很好地规避以上风险。

未来，随着虚拟员工的广泛应用，更多的基础服务工作将由虚拟员工完成，由此，金融机构的人员结构也会发生变化，会出现更多的管理虚拟人才和技术虚拟人才。

7.2.3 教育领域：解锁教育新场景，新模式

2020 年"六一"儿童节，数字王国旗下的虚谷未来科技公司推出了我国第一位少儿阅读推广人"小艾"。这是数字王国在消费级虚拟数字人领域推出的核心产品，瞄准的正是教育领域。作为一名 12 岁的狮子座少女，小艾面向的是学前和小学低年级小朋友，分享学习和生活，陪伴小朋友健康成长，如图 7-7 所示。

图 7-7　虚拟少儿阅读推广人小艾

依托数字王国自主研发的实时动态追踪、眼球追踪和重力计算等技术，小艾的表情和动作能够惟妙惟肖地实时呈现。在特写镜头下，小艾脸上的雀斑、服装上的亮片等细节都清晰可见，甚至在其跳跃时，发丝和裙摆都会随重力感应呈现

相应的变化。

　　小艾的重要价值就在于陪伴。很多家长因为工作繁忙，难以长期陪在孩子身边，帮助孩子养成阅读习惯。而小艾就扮演了一个陪伴阅读的角色，激发孩子的阅读兴趣，引导孩子学会思考。目前，小艾主讲的少儿知识百科类动画《小艾问学》已经上线。在动画中，小艾会生动地解答很多有趣的问题，与小朋友们一起奇思妙想。

　　除了小艾这种以陪伴为主的虚拟伴学外，虚拟数字人在教学方面也有广阔的应用前景。由专业老师进行一对一个性化教学无疑能够提高学生的学习效果，但由于优质教育资源短缺、教育资源分配不均等问题，这种教育方式难以大面积普及。而虚拟老师能够很好地解决这个问题。在 AI 的助力下，虚拟老师能够系统、专业地向学生讲述知识，随时回答学生的问题，同时根据学生的学习情况进行个性化辅导。具体来说，虚拟老师可以智能分析学生的学习情况，根据其学习中的难点打造个性化的学习方案，也能够根据学生的理解情况加快或者放缓讲解进度，为学生提供科学的教学辅导。

　　未来，随着虚拟数字人技术和元宇宙的发展，虚拟老师将从屏幕中解放，变成更加立体的全息形象，随时出现在学生身边提供教学辅导。甚至学生、虚拟老师及现实中的教学场景都能够被搬到元宇宙中，带给学生一种极具沉浸感、更真实的学习体验。

7.2.4 医疗领域：智能医疗助理提供专属医疗服务

　　疫情以来，更多的人开始关注自身健康，线上问诊也变得越来越流行。同时，微信公众号、网站等诸多渠道都提供了线上问诊服务。在当前模式下，患者和医生主要通过文字、语音等方式进行沟通，沟通方式较为传统。同时，人们就医问诊需求的爆发也增加了医生的压力。

而在虚拟数字人落地医疗领域后，虚拟医生能够很好地解决这个问题，其能够智能地代替医生进行线上问诊。当前，已经有一些公司在这方面进行了尝试，例如，相芯科技就推出了智能医疗助理，如图 7-8 所示。

图 7-8　智能医疗助理

相芯科技推出的智能医疗助理身穿白大褂，佩戴着工牌，从外表看上去十分专业。事实上，他们也具备专业的医疗知识，能够根据患者的提问给出专业的诊断和治疗建议。同时，他们还能够展现出生动的表情，在带给患者更真实的问诊体验的同时能够带给患者更多安慰。此外，相比于线上的其他医生，智能医疗助理能够 24 小时在线，全天候提供医疗问诊服务，为患者提供更多便利。

除了线上问诊外，智能医疗助理还能够应用于线下，在医院中为患者提供咨询服务。例如，患者可能会咨询医疗问题、询问看病流程、询问某科室的位置等，这些往常需要人工的服务工作都可以交给智能医疗助理来做。

以上案例只是虚拟数字人在医疗领域应用的一个尝试，而在未来，将会出现更加智能的虚拟医生。这些医生具有酷似真人的外貌，能够和患者自然沟通，甚至在全息投影技术的支持下，虚拟医生还能够从屏幕走进现实，出现在诊室里。

同时，借助 AI、云计算等技术，虚拟医生能够将收集来的患者病情信息、饮食信息、身体体质信息等进行综合分析，据此制定科学的诊疗方案或康复计划。

此外，在虚拟数字人技术发展、虚拟医生普及之下，每个人都可能会拥有自己的专属虚拟医生。当我们早上醒来时，虚拟医生会快速生成一个体检报告，并告知我们的身体情况；当我们吃饭时，虚拟医生会提出专业的饮食建议；当我们锻炼身体时，虚拟医生也会根据我们的身体情况做出具体、科学的锻炼计划。

同时，对于患有慢性病或者需要长期在家静养的患者来说，专属的虚拟医生更是一种福音。虚拟医生能够定时检查患者的病情、监督患者的用药情况，根据患者病情的变化改变诊疗方案，甚至能够在药物吃完时自主下单，预约送药上门服务，为患者提供全面的医疗关怀。

7.3　新的入口，以虚拟数字人进军元宇宙

虚拟数字人的发展展示了元宇宙的一个新的入口，让许多企业意识到，即使自己没有布局元宇宙基建、推出元宇宙产品的能力，也可以在虚拟数字人领域立足，向元宇宙迈进。在这方面，不同的企业从自身优势出发，以不同的角度布局虚拟数字人领域。

7.3.1　聚焦多场景应用，演绎"虚拟+X"未来神话

虚拟数字人的应用前景无疑是广阔的。在传媒领域，他可以化身为虚拟主持人。在教育领域，他可以化身为虚拟老师。同时，在更多的领域，虚拟数字人都

有很好的应用前景。正是意识到了虚拟数字人在应用方面的潜力，许多公司都推出了虚拟数字人解决方案，并积极推进其在更多领域的应用，打造"虚拟+X"的未来神话。

例如，魔珐科技就推出了超写实虚拟数字人 Ada，如图 7-9 所示。

图 7-9　超写实虚拟数字人 Ada

Ada 由真人驱动，同时融合了虚拟数字人全身扫描、建模、渲染、AI 表演动画等技术，能够对真人演员的表情、眼神、动作等进行高精度捕捉，实现对虚拟数字人的实时驱动。在与人互动的过程中，Ada 的表情和动作自然，与人沟通也十分顺畅。

和真人不同的是，Ada 能够突破人类的技能限制，做出真人无法完成的动作或表演。同时，借助魔珐科技提供的游戏与影视特效等，Ada 能够在实时直播过程中触发各种特效，为观众带来沉浸式的互动体验。

Ada 可以和各种 3D 展示设备，例如智能大屏、全息大屏等对接，在多领域应用。在教育领域，她可以成为学生的虚拟老师；在文旅领域，她可以成为游客的虚拟导游；在零售领域，她可以成为带货的虚拟主播，等等。

未来，借助技术的发展，魔珐科技也将融合更先进的 AI 技术，推出更加智能的虚拟数字人解决方案，结合不同行业的需求升级虚拟数字人应用，向着"虚拟+X"的目标不断进发。

7.3.2　瞄准直播领域，助力虚拟数字人打造

除了推出可应用于多场景的虚拟数字人外，很多企业看到了人们对于自身虚拟化身的需要，于是赋能个体，推出了提供虚拟形象打造的虚拟数字人解决方案。

B 站聚集着大量的虚拟主播，其中不仅有洛天依、绊爱等知名虚拟主播，还有许多普通 up 主打造的虚拟主播。人们可以通过 Live 2D 这个具有绘图、渲染功能的软件设计自己的虚拟形象和动作，并以此形象进行直播。

此外，B 站在发布的视频剪辑软件必剪中也融入了虚拟形象打造的功能。人们可以在其中个性化设计自己的外貌、服饰、动作等，生成独特的虚拟形象，如图 7-10 所示。

此外，必剪还提供多样的视频模板、工具及录屏、录音、语音转字幕等功能，便于用户进行视频创作。视频创作完成后，用户也可以一键发布到 B 站上。

除了 B 站外，在直播和虚拟数字人领域发力的还有虎牙。虎牙推出了我国直播领域第一个虚实结合开放平台 HERO。其虚拟数字人方案不同于虚拟主播打造的技术，而是通过模拟真人的方式，实现不同背景下自由直播。由此形成的虚拟主播模拟了真人形象，而不是根据不同模板设计出的虚拟形象。借助这一平台，用户都可以拥有自己专属的虚拟形象。

图 7-10　必剪的虚拟形象设计功能

以上这些技术和功能显示了虚拟数字人的更大商用价值，人们不仅是虚拟数字人服务的受众，还能够借助虚拟数字人技术，拥有自己的虚拟形象。

7.3.3　发力内容领域，打造多样虚拟 IP

得益于元宇宙概念的火爆和自身过硬的业务能力，从 2020 年 10 月至今，虚拟数字人生态公司次世文化已经完成了 3 轮融资，如表 7-1 所示。

表 7-1　次世文化近 3 次融资历程

融资轮次	融资时间	融资金额	投资方
A+轮	2021-10-26	数百万美元	网易资本 动域资本 顺为资本 创世伙伴资本
A 轮	2021-7-26	500 万美元	创世伙伴资本 顺为资本
Pre-A 轮	2020-10-21	数百万美元	顺为资本

资本看好次世文化，除了受元宇宙的影响外，还因为次世文化展示了过硬的能力。其深耕虚拟数字人内容赛道，推出了诸多虚拟数字人产品。

次世文化旗下的产品可以分为 3 类。第一类是为真人明星打造"虚拟明星形象"，推动明星与个人虚拟 IP 的联动，除了能为粉丝带来更有想象力的衍生品外，也创新了内容营销的新方式。第二类是推出自主研发的虚拟数字人，通过公司强大的运营能力将其打造为具有强大影响力的 KOL（Key Opinion Leader，关键意见领袖）。第三类是帮助其他品牌开发虚拟 IP 形象，运营虚拟代言人。

其中，次世文化推出的超写实的虚拟 KOL"翎 Ling"受到了广泛关注，如图 7-11 所示。

图 7-11　虚拟 KOL 翎 Ling

翎 Ling 的外表极具东方特色，具有很高的辨识度。除了精致的容貌外，翎 Ling 还十分热爱传统文化，具有明确的人设。2021 年初，翎 Ling 登上了央视综艺《上线吧！华彩少年》的舞台，为观众们带来了京剧选段《天女散花》，惊艳全场。同时，聚拢了大量目光的翎 Ling 也展现出了她的商业价值，自从出道以来，翎 Ling 已经和奈雪的茶、100 年润发等品牌达成了合作。

和其他关注虚拟数字人技术的企业不同，次世文化在内容领域发力，布局了虚拟数字人形象设计、人设打造、持续运营和商业变现的全路径，形成了专业完善的虚拟数字人运营方案。这也展示了企业入局虚拟数字人领域的多样性。无论从技术入局，还是从内容入局，企业都要做到聚集自己的核心能力，打造自己的竞争优势。

第 **8** 章

交融生态：虚拟与现实叠加重合

元宇宙是无限接近现实世界的虚拟空间，即在虚拟世界中构建社交、生活，甚至经济系统，从而交融生态，实现现实世界与虚拟世界的叠加重合。未来，元宇宙的发展应该会经历两个阶段：第一，互联网科技公司搭建"分布式"虚拟平台，将人们的消费、会议、工作等场景转移到虚拟世界，但用户只能使用一个平台，无法跨平台操作；第二，标准协议的出现，交互、经济等接口标准化，各平台实现互联互通，形成真正的元宇宙。

8.1 全新体验，颠覆现实生活

元宇宙的目标不仅是辅助工作、生活与娱乐，还可以构建一个完整的社会，出生于现实世界，又超脱于现实世界。元宇宙将是现实世界之外的第二个世界。在这个世界中，会进化出自己的企业、科技，甚至文明。终极形态的元宇宙或许可以让人类的意识永远存在，在元宇宙里面延续自己的生命，实现某种形式

上的永生。

元宇宙将为人类的生活带来全新的体验，颠覆现在的生活方式。很多现实世界的工作生活场景都会被搬到虚拟世界中，例如，虚拟办公，会颠覆写字楼行业，人们可以突破地理环境的限制在线上交流工作，不再需要固定的办公室。除此之外，随着虚拟世界进一步互联互通，许多行业都会发生变化。

8.1.1 平台互通，元宇宙空间不断扩展

元宇宙的终极形态应该是一个平台连平台的超级大平台，其内部有一套完整的通用协议，包括用户身份、数字资产、社交关系等。每个人都可以据此创建自己的私人平台，在统一的规则下和其他平台相连，并邀请好友一起在私人平台上游戏、娱乐等。

形成真正的元宇宙最重要的一点就是在保证各类平台独立的前提下，让各种平台打通并相互连接。这意味着标准、规范甚至底层货币体系的统一。只有当各种平台连接到一起，实现互联互通、信息互享、价值互认时，一个真正的元宇宙才会诞生。

也就是说，真正的元宇宙不是某个人、某家公司、某个机构可以独立建立起来的。元宇宙的形成是各种功能叠加，从量变到质变的过程。同理，元宇宙与现实世界也不应该是平行割裂的，而是相互融合的。因此，真正的元宇宙一定会是"线上+线下"的，线下体验不会完全消失，而元宇宙会为线下体验赋能，为沉浸式娱乐带来更多可能。

元宇宙作为一个综合性平台，其需要的内容体量也是非常庞大的，所以元宇宙中要有一个用户自生成内容体系，保证内容源源不断供给。由用户构建内容，这区别于传统由互联网公司提供内容的中心化形式，形成了去中心化形式。所有

的用户都可以参与创建元宇宙，并且能从搭建内容生态系统的过程中收获成就感和归属感。有了贴近用户的内容（用户自己根据痛点创作），可想而知在未来，更多用户会通过虚拟平台进行交互，体验元宇宙。

元宇宙进入成熟期后，人们的学习、社交、工作等场景都将转移到元宇宙中来。到时，元宇宙不仅是一个虚拟空间、一款游戏，也是一个能容纳各类用户创造内容的平台，一个始终在线的虚拟世界，让无限量的人可以同时参与其中，有独立的经济体系，是跨越实体和数字的世界。

元宇宙概念从游戏而来，但它未来的发展远不止于游戏，会覆盖各行各业。技术、数字基础设施只是它发展的一部分，想要实现真正的元宇宙，还需要属于元宇宙的法律规范、经济体系、货币系统、文化体系等。元宇宙最终将涵盖人们的学习、工作、生活等场景，满足人们的各类需求。游戏、文娱将成为元宇宙的始发领域，而学习、办公、社交也将紧随其后，遍地开花。

由此，成熟的元宇宙必然会出现许多新的自由职业与平台，如元宇宙建筑设计平台、元宇宙游乐项目规划平台、NFT兑换平台等。

以虚拟土地产业为例，虚拟土地通过加入加密货币等元素生成元宇宙土地，与现实土地相似，这些土地也可以用于投资、租赁、出售等。地理位置和配套设施等会影响元宇宙土地的价格，但因为元宇宙中实际环境的差异，会出现独特的选择逻辑。

除此之外，元宇宙虚拟建筑产业也将兴起，元宇宙土地拥有者可以对土地进行建设，打造出独一无二的游戏场景、生活场景、私人空间等，提高土地的价值。一些第三方的建筑公司和设计师也将出现，用建筑生成器生成道路、桥梁、房屋等。这些以NFT为基础的建筑可以用于交换和买卖，形成独特的产业链。

8.1.2 现实虚拟化，虚拟场景进入现实

2021 年除夕夜，刘德华通过"云录制"的方式在春节联欢晚会的舞台上，唱了一曲《牛起来》。尽管电视屏幕上已经标注"云录制"，但网友们依然不敢相信此时刘德华居然没有在舞台上，如图 8-1 所示。

图 8-1　刘德华"云录制"《牛起来》实景图片

节目过后，"刘德华云录制毫无违和感"冲上热搜，网友们纷纷感叹："这个舞台让我看见了国家科技的力量。"

春节联欢晚会的舞台充分运用了 AI+VR 裸眼 3D 演播室技术等高科技，并在刘德华所在舞台运用了 XR 技术，这才达到了以假乱真的效果。随着 5G、人工智能等技术的发展，XR 技术有望在更多领域得以应用。

除此之外，节目《莫吉托》也是通过"云录制"的方式与观众见面的。《莫吉托》用了电影拍摄中常使用的机械臂来制作，节目组把两台一样的设备提前编程，保证它们所有的运动轨迹相同，再分别进行拍摄，以实现人物、道具和场景的交

互。XR技术不同于以往的虚拟成像技术，它可以让人、像处于同一场景，像在现实中一样，所以观众才会感觉周杰伦真的在晚会现场唱歌。

XR技术的应用，也是我国向元宇宙迈进的一个标志。未来，随着元宇宙的发展，会有更多虚拟场景进入现实，越来越多的演唱会、发布会、电视节目等场景，开始尝试拍摄制作新方法，奉献出各种亦真亦幻、丰富多彩的作品。

目前，XR技术不仅应用于文艺演出、影视制作、赛事直播等领域，还逐渐向医疗、教育、工业等领域延伸拓展。可以预见，虚拟与现实的边界正在逐渐被模糊，元宇宙概念中设想的生活方式并不是天方夜谭。

在未来，我们可能会在虚拟教室上一堂真人互动课；可能会进入虚拟世界随手进行直观设计，成稿后自动组装生产……现实与虚拟无缝对接，自如切换，边界将不再明显。

目前，随着人工智能、计算机视觉技术等发展不断成熟，硬件设备的革新，XR等技术也进入了发展机遇期，行业应用愈加丰富。其中，5G+XR不仅改变了人们的生活方式，还带来了产业发展机遇。

我国三大电信运营商率先发力布局5G+XR，抢占市场先机。中国移动成立联合创新中心，从技术、标准、产品、生态四个方面推动XR产业发展；中国电信成立全球XR内容电信联盟；中国联通成立5G XR终端生态联盟，并推出内容开发者孵育计划。

在企业应用方面，XR同样大有可为。XR技术能够从企业的物理资产、生产流程中收集数据，进行整合分析，辅助企业更好地进行市场预测、质量控制、产品设计、管理维护等工作，实现降本增效。可以说，XR技术的应用，对于传统制造业升级进入元宇宙具有重要意义。

完整的、闭环式的元宇宙不可能在一朝一夕实现，它必然会经历一个漫长的发展过程。在这个过程中，现实世界与虚拟世界的边界会不断模糊，人们会生活在一个"亦真亦假"的世界中，建设虚拟生产线、与虚拟偶像互动、进入虚拟场景购物等，身边那些"眼见为实"的场景可能是虚拟的，而人们的生活方式也会逐渐发生改变。

8.1.3 虚拟数字人普及，生活全领域覆盖

2020 年，新冠疫情期间，我国经济受挫，消费领域受到明显冲击。但与此同时，AI 与 5G、大数据、物联网等新一代信息技术的作用却因此得到了凸显，成为发展的新风口。

疫情防控期间，各行各业停摆，人们隔离在家，急需满足精神需求，游戏、阅读、视频等线上内容成为人们打发时间的选择，视频影音、手游消费规模扩大。为满足办公、医疗、教育等基础民生需求，线上办公、远程诊疗、网络教育等模式得到了大范围推广。中国移动云视讯、腾讯会议等都为用户提供了免费的视频会议、线上打卡等服务；阿里钉钉向企业开放了免费的"在家办公"系统；京东健康上线了"京东义诊"服务；中国大学 MOOC 平台为延期开学的高校免费提供服务，以满足用户的学习需求。

疫情还催生了"无人接触"数字消费新场景。因疫情防控需减少人员接触，服务机器人、无人超市、无人机配送等技术逐渐应用到商业中来，多家医院、酒店、连锁超市尝试用机器人承担送药、送餐、回收垃圾等工作，降低了交叉感染的风险，如图 8-2 所示。

疫情防控期间，人们外出采买活动减少，转为线上购物，虚拟经济得到了发展。经过疫情的磨砺，在后疫情时代，人工智能等技术将一步覆盖交通、能源、制造、农业等领域，而因疫情防控需要而发展起来的远程办公、在线教育、在线

问诊等模式将会延续，成为新常态。

图 8-2　饿了么无人机送餐

数字人、虚拟人将大量出现，融入大众生活，大规模应用到金融、电商、医疗、传媒等行业，出现如虚拟主播、虚拟客服、虚拟医生等虚拟员工，给客户带来更优质、更贴心的服务。

未来的元宇宙将是开放性和封闭性的完美融合，各行各业都将在元宇宙中占据一席之地，人们的生活方式、生产方式和组织结构等都将被重构。而这个终极形态的元宇宙将会成为一个巨大的新市场，各行各业也会出现新的超级玩家。

8.2 技术加持，虚实融合更加彻底

支撑元宇宙的六大技术包括区块链、3D 交互、电子游戏、AI、网络运算、物联网。目前，随着这些技术的进一步发展与商业化应用，各行各业都在进行数字

化转型，完成产业升级。

随着各行各业进入元宇宙领域，元宇宙的应用会从游戏、社交等领域向其他领域扩展，最终实现与现实世界的衣、食、住、行等领域进行完美融合。

8.2.1 智能交互连接虚拟与真实

近几年，探索虚拟世界的影视作品越来越受欢迎。在这些影视作品中，人们可以完全进入虚拟世界，与 AI 数字人互动，体验一场与现实世界无异的个性化旅行。这些情节都让人们对虚实结合的元宇宙充满期待。

事实上，这些电影情节已经不止停留在人们的幻想中，它们正在逐渐照进现实，现实与虚拟的世界正在被连接。

2021 年是元宇宙发展的元年，经纬中国、真格基金、五源资本等大量资本入局，阿里巴巴、腾讯、字节跳动、OPPO 等互联网大厂也争相布局。这让元宇宙成为火爆的风口。

如果元宇宙实现，现实世界的诸多限制将会消失，人与人、人与机器的交互将会变得更智能，远距离互动、交错时空互动等都将被实现，从而会诞生新的生活方式。

苹果公司曾表示，未来产品还可以检测更加复杂的挥手指令，甚至三维动作，而这些功能一旦实现，手机的交互体验将再次被刷新。除了手机，近几年，几乎与我们生活相关的所有电子产品，都经历了交互体验的质变。从遥控器到语音控制，到体感控制，这些电子产品越来越贴心，操作起来越来越简单。

而这背后是互联网、计算机视觉、人工智能、大数据等技术的不断发展的功劳。技术的发展影响着我们的生活，也在改变着人与机器之间的关系。更方便、更人性化的交互方式，让虚拟与现实变得不再那么界限分明，甚至让生活开始接近科幻电影中的场景。

除此之外，科技给出行带来的改变同样巨大。在汽车智能化大势所趋的背景下，汽车正在从冰冷的机器，变成有温度的伙伴。

曾经，"语音拨号"功能出现在汽车上，就让用户赞叹语音控制给驾驶带来的安全和便利。如今，语音控制还能自我学习，更准确地理解用户的指令和意图，与用户建立更加自如的沟通。不仅如此，随着人工智能、AR 等技术的进一步应用，手势控制、视线跟踪等智能交互方式的实现，用户可以与汽车更流畅地互动，实现真正的智能驾驶。

在未来，用户可以通过语言与汽车交互，告知目的地后，就会有一位虚拟"司机"为用户驾车，不会再有安全事故和违章行为，人们未来的出行将会体验到极致的安全性和便利性。

不仅是人与机器的互动更流畅，终极形态的元宇宙甚至还能实现机脑接口，让人类的所有感官全部上云，彻底实现在元宇宙生活。到那时，真实与虚拟或许就彻底没有区别了。

8.2.2 VR+触觉传感，虚拟体验更真实

VR 设备的发展让内容"活"了起来。从前，文字内容如果想要表达出情绪、环境等，需要极强的文字功底，后来有了音频和视频内容，可以更迅速、直观地表现场景，用户也更容易进入到故事中。而 VR 的 360 度全景画面，让用户可以身临其境地感受内容，通过声音、全面影像感受氛围、空间、距离，从而沉浸到内容中。元宇宙构建出的虚拟世界必定要有极高的沉浸感，而 VR 技术可以说是打造元宇宙的基础。

但现阶段的 VR 技术还并没有得到普及。一方面，VR 设备长时间使用会让人

感到眩晕、恶心，舒适度差。我们在使用 VR 设备时因头戴设备显示速度跟不上身体的移动速度，所以会导致身体感觉与视觉系统不同步，进而造成眩晕。另一方面，一些使用感较好的 VR 设备价格不低，让一些普通玩家望而却步。加之，现在一些设备还需要有线连接，玩家在使用时可能会被电线绊倒，影响体验。

元宇宙的形成需要解决上述问题，增强人们的沉浸感，让用户在虚拟世界看得见，也摸得着，甚至能进一步嗅到花香。

目前，日本一项新的"虚拟触觉"技术可解决 VR 设备"看得见、摸不着"的问题。发明这一技术的研究人员表示，为了解决 VR 设备割裂视觉和触觉的问题，很多公司都做过类似"虚拟触觉"技术，例如，相关的手套和服装等，但这些设备需要穿、脱，使用一次非常麻烦。于是，他根据"虚拟触觉"的底层逻辑，即"欺骗"大脑，研发了一种手握式设备，通过特殊的振动波来刺激皮肤，"欺骗"大脑，从而让用户获得触感体验。

这种设备小巧、轻便，一端连接电脑，手握时能感到振动。电脑显示拉皮筋或按压弹簧的画面时，设备进行上、下、左、右移动，用户闭上眼睛便能感受到。当画面显示砂石等图案时，用户闭上眼睛通过移动设备能感觉是真的触摸到了物体。

这项技术已在全球申请了 29 项专利，未来该公司还想研发像手表一样的"虚拟触觉"设备，应用于远程医疗、自动驾驶技术等领域。

麻省理工学院研发的一款触觉反馈鞋子，也是对触觉传感做出的尝试。这款鞋子的功能是防止宇航员在月球上跌倒。在月球上跌倒是很可怕的，轻则会影响宇航员执行任务，重则会危及宇航员生命。一般宇航员身穿的增压服包含了他们在太空行时所需的一切维持生命的物品，而且增压服的构造十分复杂，所以，在月球跌倒可能会损坏增压服的关键零件。

现在的宇航员使用的太空服很笨重，限制了行走和视线范围。而麻省理工学院研发的这款触觉反馈鞋子可以提高宇航员的移动能力，为宇航员提供实时的交互式反馈，引导他们避开障碍。

然而，这款鞋子不只能提高宇航员的移动能力，还能用于 VR 产品，让 VR 体验更加逼真。这款鞋子上有 3 个马达，位于脚趾、脚后跟和前脚掌。这些马达通过振动的强度提示用户物体的硬度，以及是否需要更改路线，做到了为人们提供更多感官信息，如声音和触觉等。

这样的触觉传感设备除了搭配 VR 营造更真实的沉浸感，还可以帮助数以千计的人，例如，很难了解到具体环境情况的消防人员，感官功能下降的老年人，患有疾病和运动障碍的人等。他们可以通过这样的设备增强感官，提高感受虚拟世界和现实世界的准确度。

8.2.3 裸眼 3D+全息投影，虚拟场景进入现实

想必大家都曾去电影院看过 3D 电影，在看电影之前有一个必需的环节，那就是从工作人员处租一副 3D 眼镜。如果你本身有近视需要戴眼镜，那这副眼镜便对你很不"友好"，因为它不具备普通眼镜的功能，所以需要你把它戴在近视镜外面。这导致许多人在一场电影过后，鼻梁酸痛不止。

而拥有极高沉浸感的元宇宙不会让它的用户都戴 3D 眼镜进入，需要裸眼 3D 全息投影技术让用户摆脱 3D 眼镜的束缚。

3D 全息投影技术是通过在胶片或干版上记录光波信息以重现三维图像技术的，成像的过程一般分为两步。

第一步，拍摄。被拍摄物体在激光的照射下形成漫反射的物光束，其余激光作为参考光束照射到全息底片上，和物光束相互干涉，把物体光波上各点的信息

转换成在空间上的光波强度，从而将物体的信息全部记录下来。记录着信息的底片经过显影等处理后，便成为一张全息照片。

第二步，成像。第一步形成的全息照片，在相干激光的照射下，一般可给出两个像，即原始像和共轭像，两像叠加后，视觉效果就是 3D 全息影像。

一般来说，3D 全息成像分为：180°、270° 和 360°。180° 适合单面展示，应用于大面积全息投影；360° 可投影在实景的半空中，从任意角度均可观看。3D 全息投影技术解决了必须佩戴眼镜才可以观看 3D 设计的问题，使得 3D 作品可以全方位、无死角地进行展示。

目前，裸眼 3D 全息投影技术应用十分广泛。例如，在军事领域可模拟战场环境；在教育领域可以用虚拟影像展现历史；在影视领域可以增强观众的真实感；在舞台效果上能直接展现出虚拟人物和景物，营造出亦幻亦真的视觉效果。

未来，随着元宇宙的发展，虚拟世界与现实世界进一步融合，裸眼 3D 全息投影技术将会应用到更多生活场景，为人们的生活带来便利。

旅游景区、主题公园、特色小镇等旅游项目，可以利用裸眼 3D 全息投影技术加入文化特色，增强游客的沉浸感。除此之外，房地产、发布会、文化节、开幕式等大型活动现场，也可以利用这项技术达到更好的视觉效果。

元宇宙不仅可以用于静态展示，还可以让虚拟形象与参与者互动，实现交互、娱乐等目的，例如，《钢铁侠》电影中作为研发助手的人工智能贾维斯。

虚拟现实技术的发展，模糊了现实世界与虚拟世界的边界，我们的生活方式也将因此发生巨大的改变。虚拟场景进入现实，使现实世界得到增强，时间和空间不再是束缚，我们可以和相隔千里的人共同工作，也可以跨越千年，与古人对话。

第 9 章

开启营销新时代：数字化营销迎来爆发

声势浩大的新冠肺炎疫情让世界沉静，却让数字经济迎来了爆发。从门店买房到直播卖房，从人工配送到无人机配送，从线下演唱会到虚拟演唱会，商业变革从未有过如此的迅速，时代的浪潮扑面而来，数字化营销迎来了黄金时代。

在这个数字化营销的变局面前，我们是受益者，也是挑战者。作为营销人，我们要思考如何利用元宇宙打造新的营销生态，如同当下的线上、线下一样，考虑两个平行宇宙的协调，让企业不落后于时代。

9.1 元宇宙营销打造营销新生态

元宇宙的出现要求品牌营销能创造出符合元宇宙特征的体验，包括虚拟商品、虚拟形象、虚拟代言人等。

目前，全球范围内的营销场景重构已在悄然发生。例如，Travis Scott 在《堡垒之夜》的虚拟演出,创造了音乐现场最高同时在线观看人数纪录。一些相关的商品,如 Nerf 枪、人偶、T 恤等被粉丝抢购一空。

除此之外,众多新老品牌都开始瞄准融合虚拟与现实的营销方式,这为品牌提供了许多营销新机遇。

9.1.1 营销产品转变:从现实商品转向虚拟商品

2021 年"双 11",天猫超级品牌日用一场"双 11 元宇宙交响音乐会"将狂欢氛围推向了高潮,如图 9-1 所示。

图 9-1 "双 11 元宇宙交响音乐会"图片

在这场表演中,最让人眼前一亮的莫过于特邀嘉宾"数字贝多芬"的加入。"数字贝多芬"以全息投影的方式出现在会场,隔空指挥,和靖海音管弦乐团一起跨越虚拟与现实的"次元壁"演奏了一曲《欢乐颂》。

在数字化发展的大趋势下,互联网商业形态不断变化,如今出现的"元宇宙经济"概念更是为品牌营销提供了想象空间。众多品牌发力布局,从现实商品转向虚拟商品,正在迅速构建一个数字营销生态系统。

作为紧跟潮流的内容厂商，天猫超级品牌日的此次"双 11 元宇宙交响音乐会"，不仅借助黑科技让音乐大师贝多芬亲临现场，还联动了多个品牌，推出了十几款数字虚拟乐器，并紧跟当下"元宇宙"概念，将它们打造成数字收藏品，下面介绍其中几款数字虚拟乐器。

1. BOBBI BROWN 奢金之雾·小号

图 9-2 中的这款 BOBBI BROWN 奢金之雾·小号的灵感源于 BOBBI BROWN 的三款大热色号奢金唇膏。这三款唇膏对应着小号的三个按键。演奏时，小号下方会出现相应色号的雾气。寓意为吹响对纯色的偏爱。

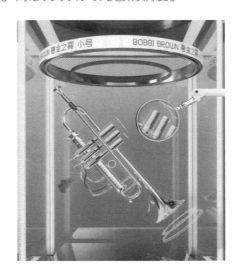

图 9-2 BOBBI BROWN 奢金之雾·小号图片

2. Coca-Cola 感官漫游者·定音鼓

图 9-3 中的这款 Coca-Cola 感官漫游者·定音鼓的灵感源于可口可乐带给大众的畅快的感官体验。定音鼓的整体造型是月球登陆器。其中，可口可乐是燃料罐，演奏时会亮起光圈，罐中液体会随着鼓点起伏。寓意为可口可乐带来的味觉享受。

图 9-3　Coca-Cola 感官漫游者·定音鼓

3．GUERLAIN 黄金之翼·巴松

图 9-4 中的这款 GUERLAIN 黄金之翼·巴松灵感源于 GUERLAIN 复原蜜精华的瓶身，整体造型为透明状，内有金色液体流动，演奏时，巴松管内部的发声结构推动金色液体流动，一只帝王蜂围绕管口飞旋。寓意为产品强大的治愈修复能力。

图 9-4　GUERLAIN 黄金之翼·巴松

4. 小米 U 型超传感·竖琴

图 9-5 中的这款小米 U 型超传感·竖琴灵感源于小米 MIX FOLD，整体造型为一把悬浮折叠屏竖琴。演奏时，屏幕会缓缓打开，琴弦在其中若隐若现，寓意为小米无尽的想象力。

图 9-5　小米 U 型超传感·竖琴

5. 双 11 限定旅人光梭·小提琴

图 9-6 中的这款双 11 限定旅人光梭·小提琴是此次活动的限定隐藏款，其灵感源于经典旅行箱，整体造型像一把时空光梭状的小提琴。演奏时，指尖与琴弓和指板相触的地方会发光。寓意为用户与历年天猫"双 11"的种种回忆。

这些数字虚拟乐器还进行了"上链"，变成了独一无二的数字收藏品，用户参与抽签发售便有机会收藏。从发售数据来看，"感官漫游者·定音鼓"虽然只发售 1 件，但有 4 万人参与抽签，可见用户的参与热情有多高涨。

基于品牌商本身的标签，打造数字收藏品，可以让品牌商以更多元的姿态出现在大众视野中，为沉淀品牌资产埋下伏笔。作为一种新型的电子收藏品，经过

"上链"的虚拟商品具有独一无二、不可复制等特点，符合当下年轻人追求个性、看重自我表达的生活态度。这不仅升级了"双 11"的玩法和体验，还为用户建立了一个新的消费文化生态，给"双 11"增加了一丝仪式感。

图 9-6   双 11 限定旅人光梭 · 小提琴

时代的改变促使消费者和消费场景发生变化，虽然当下的元宇宙概念还只是对未来互联网形态的简单概括和畅想，但品牌最忌固守传统，在旁观望，而是要顺应时代，转变思路，真正走入年轻群体。天猫超级品牌日的这场"双 11 元宇宙交响音乐会"，不仅彰显了天猫的创新能力，更传递出了布局虚拟营销赛道，争取年轻群体的这一野心。

今天，天猫超级品牌日可以让贝多芬"复活"，可以把品牌做成虚拟数字乐器。那么未来，任何超出常识的内容都可能出现，品牌营销空间将变得空前庞大，用户体验也将迎来新一轮升级。

未来，在新技术、新内容的加持下，虚拟营销的呈现方式将越来越丰富。当各领域都开始涉足虚拟世界后，谁能更好地把技术语言转化成商业语言，踩准年轻人的痛点，谁就能先人一步实现平台、消费者、商家的多方共赢。

9.1.2 营销对象转变：从面向现实消费者到面向虚拟数字人

每个人在元宇宙中都需要有一个数字替身，即用户个性的虚拟身份。与现在的用户 ID 不同，数字替身只有一个，他是具有自己的消费习惯、品牌偏好、数字资产的虚拟个体。而元宇宙中的营销对象便从现实消费者变成了数字替身。

PitchFWD 创始人和纽约大学客座教授 Samantha G. Wolfe 认为，Z 世代（1995—2009 年间出生的一代人）认为数字替身是他们自身的延续，这一代人热衷于个性表达，而元宇宙为他们提供了新的表现形式，也为创造这些表现形式的设计师提供了巨大的机会。

近日，敦煌研究院与腾讯 QQ 联合推出了"飞天散花"虚拟形象装扮，用户可以在 QQ 厘米秀中换上敦煌装扮，在聊天框中发送散花动作给好友，如图 9-7 所示。用户可以这一新颖的方式感受敦煌文化之美。

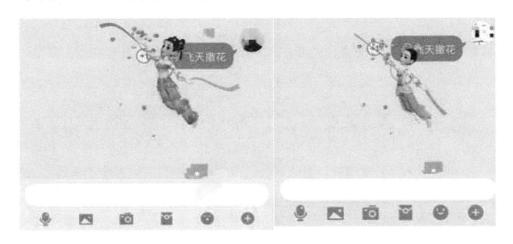

图 9-7 "飞天散花"虚拟形象装扮

这是敦煌研究院与腾讯达成合作以来，在传统文化保护上的又一次数字化尝试，也是一次敦煌文化与年轻社交场景的融合。厘米秀是 00 后 QQ 用户最喜爱的三个功能之一，可用来 DIY 自己的虚拟形象，并以这个形象和好友互动。

"飞天散花"厘米秀装扮包含了男生和女生两套形象，实现了 2D 和 3D 两种表现形式，每一个细节都既有古典依据，又贴合年轻人的喜好。整体以飞天作为原型，颜色上以盛唐时期流行的红色、橙色为主色调，以敦煌壁画中最常见的蓝色、绿色为辅色调；服饰上为凸显飞天的飘逸感，衣服和飘带皆为薄纱质感；造型上，男生被设计为戴宝冠、璎珞等，女生被设计为双丫髻造型，并辅以钗、步摇、钿等配饰。

同时，厘米秀还在 QQ 聊天窗上线了飞天散花动作。用户进入 QQ 聊天窗，点击发送该动作，其厘米秀会手捧鲜花，翩然飞起，并伴有花瓣缓缓下落。除此之外，用户还可以根据聊天场景，让该虚拟形象做出其他趣味动作，既感受敦煌文化的魅力，又能实现自由表达。

随着元宇宙的逐步实现，去中心化成为现实，类似厘米秀这样的数字替身将替我们完成线上虚拟风格、消费习惯、品牌偏好的表达。而针对线上数字替身的营销方式也将出现，围绕数字替身兴起的虚拟装扮、虚拟表情等产业也会越来越光盛。

9.1.3 代言人转变：营销目光从现实明星转向虚拟数字人

虚拟数字人是打破现实世界元虚拟世界"次元壁"的最直接的方式，它可以给人们带来强烈的视觉冲击，快速融入年轻人的圈层，获得 Z 世代的关注。最近，湖南卫视首个数字主持人"小漾"一经亮相，便引起了网友们的热烈讨论，如图 9-8 所示。

图9-8 "小漾"的微博图片

为了迎合Z世代喜好，越来越多的品牌商开始深度挖掘Z世代的特征，以此为依托，打造虚拟形象代言人，与年轻人沟通。例如，屈臣氏推出了虚拟偶像代言人屈晨曦；王者荣耀推出了电竞虚拟男团"无限王者团"；欧莱雅推出了虚拟代言人"M姐"；花西子推出了品牌虚拟形象"花西子"等。虚拟代言人正帮助品牌吸引年轻人的注意力，俘获更多目标用户。

目前，我国市场上的虚拟代言人分为品牌自主打造及品牌与外部商业团队合作打造两种。第一种，完全出于营销目的，打造的虚拟代言人符合品牌特性，可以增加品牌商营销的社交性和娱乐性，拉近与用户的距离，传递品牌理念。第二种，与外部团队合作开发出更接近真人形态的虚拟形象，独立运营，与品牌商保持合作关系。

这两种虚拟代言人各有优势，但其目的都是吸引用户关注，让品牌与用户建立更深的联系。那么虚拟代言人如何吸引用户关注？

1. 高频互动，强化情感联系

虚拟代言人通常有着更高的参与度和自由度，通过与用户互动，可以持续地输出内容，从而拉近品牌与用户的距离，让用户产生强烈的人设代入感，然后与之产生情感联系。

2. 多重玩法，吸引流量

虚拟代言人拓宽了品牌营销的方式。它可以根据 Z 世代的特点，推出更多符合用户喜好的内容，用 Z 世代喜欢的方式刷新用户对品牌的认知。

3. 附加价值，支撑长期运营

虚拟代言人可以与 AI 助手结合，推出线上服务或功能性产品，向用户强化虚拟形象，帮助品牌商赢得用户。

随着技术的发展，虚拟代言人还可以进一步走进现实世界，成为打破"次元壁"的利剑。

1. 高度拟人化

现在，很多虚拟代言人不再只是一个图像化的符号，更是能输出多元化内容的形象。随着技术的发展，虚拟代言人还可以变得更智能。他们能走进消费者的生活，像真人一样为消费者提供互动和陪伴。

2. 丰富的场景

与高度拟人化相辅相成的是丰富的场景，虚拟代言人在更多生活场景中展现出独特人设，可以给商业合作带来丰富的想象空间。

3. 跨次元互动

虚拟代言人不受地点、环境、时间等物理因素的限制，具有更广阔的内容空间。例如，虚拟代言人可以在真实空间中出镜，也可以在虚拟场景中出镜，营销场景非常丰富。

随着人们对虚拟代言人的接受程度越来越高，媒体文娱、美妆护肤、潮流服饰、食品饮料等领域都开始尝试启用虚拟代言人。与真人代言相比，虚拟代言人的可塑性更高，能带给品牌更广阔的商业空间。

虚拟代言人可以运营社交平台账号，通过抽奖、科普等形式与用户互动，积累粉丝。虚拟代言人也可以像真人代言人一样拍摄视频大片、封面杂志，直播带货，引领粉丝贴近营销场景。

屈臣氏虚拟代言人"屈晨曦"（如图 9-9 所示），就在微博上用抽奖等方式和用户保持高频互动，在社交平台长期推广品牌，并与多位红人跨次元联动，在现实世界中刷足存在感。

图 9-9　屈臣氏虚拟代言人"屈晨曦"

国内首个超写实数字人 AYAYI（如图 9-10 所示）在小红书发布的第一条笔记，仅凭一张照片就获得了 10 万次点赞和 1.4 万次收藏，其造型和妆容引得多位美妆博主竞相模仿，并且热度持续增加。AYAY 主要以时尚潮流为人设，在细分领域已与多个品牌合作，形成了良好的商业变现形式。

图 9-10　AYAYI

虚拟代言人因与品牌契合度高、人设稳固、应用场景丰富等优势越来越受各大品牌商欢迎。随着元宇宙相关生态和技术的发展，未来虚拟代言人将面临以下三大发展趋势。

1. 对真人替代性不断增强

虚拟代言人能够突破时间、空间、环境等限制，制造出更新颖的视觉体验，从而会增强对真人代言人的替代性。这不仅可以扩展品牌的营销场景，还可以降低真人代言人的风险，减少营销成本。随着交互技术的创新，品牌与虚拟代言人合作将成为常态。

2. 技术支撑服务属性落地

虚拟代言人可以更方便地融入程序，与用户交流互动。未来，虚拟代言人可能还会拥有品牌代言人之外的身份，通过无处不在的服务驱动用户对品牌的认知。

3. 虚拟社区+数字周边产品

随着技术的进步，用户在虚拟世界分身不再是难事。元宇宙社交的兴起，虚拟代言人可以以 KOL 的身份融入平行宇宙社交圈，品牌可以以此搭建虚拟社区，发售数字周边产品，实现 IP 变现。

在未来，随着底层技术的进一步发展，虚拟代言人的形态和应用都将迎来变革式发展，这也将为品牌营销提供新思路。

9.2 数字虚拟时尚成为营销主流

在后疫情时代，很多领域都发生了巨大的变化，这其中包括时尚行业。国外火热的"数字虚拟时尚"开始蔓延国内，成为各时尚品牌重点关注的对象。当你还在等着去看一场线下时装走秀时，别人可能已经沉浸在数字秀场里了。

9.2.1 虚拟品牌诞生：虚拟潮牌大获发展

虚拟时尚潮牌 RTFKT Studios 与加密艺术家 Fewocious 合作推出了 3 款 NFT运动鞋，分别定价为 3 000 美元、5 000 美元和 10 000 美元。这三款运动鞋在上架7 分钟后就被抢购一空，RTFKT Studios 和 Fewocious 净赚 310 万美元。

RTFKT Studios 发售的这 3 款运动鞋均没有实物，买家无法穿着，也无法触摸，只能通过定制的 AR 滤镜在 Snapchat、Instagram 等社交平台上"穿"。

RTFKT Studios 的主营业务有皮肤设计、AR、区块链、数字时尚等。其创始人一直有为游戏公司和时尚品牌提供设计的想法，因新冠肺炎疫情发生后，人们的数字化意识迅速提升，所以其创始人决定提前实施这个想法。

而让 RTFKT Studios 走红的是特斯拉创始人 Elon Musk 身着虚拟球鞋出席活动的照片。Elon Musk 穿着的这双运动鞋（如图 9-11 所示）的设计灵感来源于特斯拉电动皮卡 Cybertruck，当时以 15 000 美元的价格卖出，目前该款运动鞋的售价已达 53 542 美元。

图 9-11　Elon Musk 穿着的运动鞋

在意识到市场对虚拟运动鞋的高接受度后，RTFKT Studios 与游戏制造商 Atari 合作推出了 NFT METAVERSE 系列，除了运动鞋还包含了虚拟服饰 METAJACKET，都被抢购一空。

当社交媒体彻底融入人们的生活后，人们对虚拟时尚的接受程度也越来越高。

在他们眼中，具备收藏价值和流通性的虚拟运动鞋同样是一个极佳的收藏品。

面对这个潜力巨大的领域，运动服饰巨头 Nike 也开始布局。Nike 在 2019 年年底发布了名为"CryptoKicks"的区块链运动鞋，将这款品牌运动鞋"上链"，以便记录消费者运动鞋的所有权，并验证其真伪。

也就是说，当消费者购买一双 Nike 运动鞋后，会自动生成一双虚拟运动鞋，并得到一个加密通证，虚拟运动鞋和加密通证共同构成一个"CrpytoKicks"。如果消费者拥有多双虚拟运动鞋，还可以将不同的鞋子组合到一起，生成一双新运动鞋，而这一切都可以被记录到区块链上。

New Balance 也与 IOHK 合作推出了"New Balance Realchain"，通过区块链帮助消费者验证新款运动鞋的真伪。

RTFKT Studios 的做法比 Nike 和 New Balance 更为超前和大胆，即先打造虚拟产品，再打造实物产品，用先锋的设计和前卫的概念打动消费者，然后探索实物与数字产品的结合，从而让消费者产生更加沉浸和深刻的体验。

RTFKT Studios 认为，他们的经营模式和时尚品牌的经营模式并无区别，产品却比时尚品牌更独特和稀有。RTFKT Studios 和 Fewocious 推出的 NFT 运动鞋对于 NTF 爱好者来说，就像时尚达人购买 Dior 或知名艺术家的联名产品一样。

RTFKT Studios 成立仅一年就获得巨大成功，足以证明 NFT 是一个天然流量池，有希望为接近饱和的时尚行业拓展全新的发展空间。任天堂在 2020 年 3 月发售的游戏《集合啦！动物森友会》已成为各时尚品牌入局虚拟时尚的必选路径，Coach、Givenchy 等都推出了虚拟服饰和配饰。

据 Statista 发布的数据显示，预计到 2022 年年底，消费者花费在游戏"皮肤"上的金额将达到 500 亿美元，这显示出了消费者在虚拟世界中同样也有时尚追求。此外，NFT 的不可复制的属性是各时尚品牌未来发展的新方向，它可以完美解决该行业假冒产品的痛点。

在数字化大背景下，时尚产品的价值已经慢慢从以往的设计和质量，转向一个包罗万象的世界。RTFKT Studios 等虚拟潮牌的火爆已经敲开了 NFT 的大门，虚拟时尚这门生意在元宇宙生根发芽只是时间问题。

9.2.2 传统品牌转变：传统品牌推出虚拟商品，瞄向元宇宙

元宇宙可以说是今年互联网的一大热词，众多科技巨头、游戏公司、社交平台、AR/VR 设备开发商都在争相入局。虽说我们现在离元宇宙的终极形态还有一段距离，但透过对元宇宙的讨论，我们能感知年轻一代向往怎样的娱乐、社交、消费。基于此，我们就能知道要朝着什么方向去构建元宇宙。

目前，有将近 25 亿人参与到了元宇宙产业中。在这个平行宇宙中，已经出现了一批具有前瞻性思维的品牌。下面将介绍这些品牌是如何玩转元宇宙的。

1. Gucci

Gucci 是第一个尝试应用虚拟现实技术的奢侈品牌。在 2019 年，Gucci 就在官方应用程序中推出过一项虚拟试鞋功能。除了试穿，消费者还可以拍摄自己穿着运动鞋的照片，分享在社交媒体平台。同时，该功能还有专属的表情包和壁纸，供用户发挥想象，自由选择装饰。

2020 年，Gucci 与图片视频社交应用 Snapchat 共同发布了两款滤镜，用户可以用该滤镜虚拟试穿 Gucci 运动鞋，还可以在线上即时购买。整个过程方便、快捷，用户足不出户，只需用摄像头对准他们的脚，就能看到试穿效果。

Gucci 还在官方 App 推出了数字球鞋版块——Gucci Sneaker Garage（球鞋车库）。这个板块包括了产品故事、互动游戏、虚拟试鞋等内容。同时，Gucci 还在

这个版块发布了首款虚拟运动鞋 Gucci Virtual 25，如图 9-12 所示。这款产品属于虚拟商品，没有实物，售价 11.99 美元，用户购买后，可以在线以 AR 形式试穿、拍照、录制视频，并分享到社交平台上。

图 9-12　Gucci Virtual 25

Gucci 还在这一板块中加入了 DIY 功能，用户可以挑选自己喜欢的元素，如鞋面、鞋底、logo 等，自己设计一双虚拟运动鞋。制作完成后，用户不仅可以将作品分享给好友，还可以参与 App 社群里的"最喜爱 DIY 设计"评选。

2. Gap

Gap 收购了 Drapr，开发线上试穿功能。Drapr 是电商产品可视化领域的方案提供商，意在通过构建 3D 虚拟形象帮助消费者在线上试穿衣服，进一步提高线上购物沉浸感和满意度，降低退货率。GAP 计划让 Drapr 帮助品牌改善消费者的版型体验，加速公司的数字化转型。

3. 花西子

2021 年 6 月，花西子对外公布了首个品牌虚拟形象——"花西子"，如图 9-13 所示。这个形象承载着花西子品牌的价值内涵。

图 9-13　花西子品牌虚拟形象——"花西子"

"花西子"的整体形象灵感源于苏轼的《饮湖上初晴后雨》中"欲把西湖比西

子，淡妆浓抹总相宜"的诗句，整体形象以清丽脱俗为主，极具东方古典之美。为了增强该形象的记忆点，制作团队还研究了我国传统的面相美学，在建模时，特意在"花西子"眉间点了一颗"美人痣"，让其形象更有特色。

4. 欧莱雅

2020年11月，欧莱雅发布了品牌虚拟代言人——"M姐"，如图9-14所示。"M姐"的形象极具中国特色，人设为实验室观察员，通过在社交平台分享内容，把枯燥的科技理念讲述给消费者，传达欧莱雅美即品牌的科技实力，拉近与Z世代消费者的距离。

图9-14 "M姐"

2021年3月，欧莱雅又官宣"欧爷"成为品牌的虚拟代言人，如图9-15所示。不同于"M姐","欧爷"是欧莱雅集团的一次尝试。"欧爷"的人设为美妆一哥、公益达人等，愿景是让所有人拥有美。在欧莱雅集团中，"欧爷"有许多身份，他是欧爷百事通栏目的新闻部长，为用户带来最新的美妆资讯；也是欧爷说成分栏目的成分党专家，为用户讲解化妆品成分；还是欧爷面对面栏目的社交圈KOL，代用户与名人对话，了解多元的美妆观点；同时，他还是欧爷做公益栏目的公益达人，带领用户一起做公益。

图9-15 "欧爷"

"欧爷"和"M姐"的诞生，意味着欧莱雅集团正在革新与消费者的沟通方式，通过引入更具体的视觉形象，输出符合当代消费者习惯的内容，从而更有效地与消费者沟通。

5. Gucci 品牌虚拟展览

游戏是元宇宙最先发展起的一个领域，其在虚拟世界的流量优势正在逐渐影响实体品牌的营销方式。Gucci 于 2021 年 5 月在 Roblox 平台推出了 Gucci Garden 空间，举办了为期两周的"The Gucci Garden Experience"（Gucci 艺术花园体验）活动。Roblox 平台用户可以购买限量版 Gucci 配饰来装扮自己在平台上的虚拟形象。

这一数字花园的构建利用了 Roblox 最新的游戏引擎，用户可以像透明人一样穿越空间，在不同空间中移动。随着用户的移动，周边的环境也会发生变化。

Gucci 举办的品牌虚拟展览的花园原型位于意大利佛罗伦萨，用户以该花园为线索，深入感受不同主题房间的活动。当玩家进入房间时，自己的虚拟形象会变成模特，伴随用户的浏览，模特的外观会发生变化。

在活动期间，Gucci 还推出了几款限时单品，价格为 475 Robux（Roblox 平台内的交易货币），用户可以在一小时内自行选购。随着这些单品被不断转售，价格会不断上涨，甚至超越了实体单品的交易价格。其中，Dionysus 手袋就以 4 321 欧元成交，超过原价 2 000 欧元。

6. Ralph Lauren 推出数字服装

Ralph Lauren 与 ZEPETO 合作推出了数字系列服装和主题虚拟世界。ZEPETO 是韩国 SNOW 公司推出的应用。用户创作自己的虚拟形象，以此展示个人的兴趣和品味，实现与陌生人社交。Ralph Lauren 的服装是专门为 ZEPETO 的数字世界而设计的，用户可以用该产品为他们的 3D 虚拟形象穿衣。

Ralph Lauren 的数字系列服装有 12 个造型，代表了品牌的复古风格和品牌当季新品。该系列服装还包括一些特别的配饰，如两款限量版的滑板等。

2021 年 9 月，乐队 Tomorrow X Together 在 ZEPETO 平台的 Ralph Lauren 麦迪逊大道旗舰店举办线上虚拟活动。通过身穿 Ralph Lauren x ZEPETO 系列作品的 3D 虚拟形象与用户互动，用户可以自由拍摄照片和视频，分享在社交媒体上。

元宇宙的兴起，使营销方式发生了巨大的变革。微软公司 CEO Satya 曾经说道："元宇宙将跨越物理世界和数字世界，将人、物、场在商业和消费互联网中融于一处。"多个品牌商入局元宇宙的尝试也证实了这一点。在未来，营销场景会更加多元化，跨越时间、空间等物理因素的限制；营销产品会更加丰富，虚拟产品会拥有更加独特的价值；营销对象也会从只有真人消费者变成真人消费者和数字替身，进一步增强营销的沉浸感。

9.2.3　营销新大陆：打通虚拟与现实，开辟营销蓝海

元宇宙不只是虚拟世界，而且是现实世界和虚拟世界的强强叠加。元宇宙营销正在突破现实世界的营销瓶颈，打通融合现实世界与虚拟世界的通路。营销人面对的将是一片蓝海和新大陆。

随着消费者对消费体验要求的提高，家居行业的可视化需求越来越高，消费者会根据设计师的效果图做出购买决策。这时，渲染的效率与成本成为影响家居行业转化率的重要因素。如何选择 GPU（图形处理器）和 AI（人工智能）变得至关重要。

2021 年 11 月，GPU 技术引领者 NVIDIA（英伟达）举办了 GPU 技术主题研讨会，邀请三维家产品总监进行成功案例分享。

三维家通过使用英伟达的 GPU 产品和 AI 技术，其效果图设计和成本都有了明显的改善。基于英伟达的技术赋能，三维家打造了一个强大的云工业软件矩阵，提高了设计师的软件使用体验，打造出了家居行业的新营销工具。

三维家针对家装行业传统设计软件操作难度大、渲染时间长等痛点，打造出的云设计产品结合了 AI 智能设计、云计算、云渲染等技术帮助家居企业高效设计效果图，快速产出高清效果图，降低与客户的沟通成本，提高签单成功率。

三维家在现实与虚拟之间做了一次很好结合。元宇宙不能彻底脱离现实而存在，营销最终都要为现实世界带来利益。但是，元宇宙可以增强现实的体验，例如，帮助设计师做出更逼真的效果图，帮助消费者获得更优质的体验等。在元宇宙的助力下，营销不再是大海捞针，它可以变得更精确、更有价值，从而帮助企业实现降本增效。

9.2.4　品牌在元宇宙中的成功要素

Lindsey McInerney 全球技术与创新主管 Anheuser-Busch InBev 曾表示："未来的体育、媒体和娱乐是虚拟的。有差不多 25 亿人已经参与虚拟经济中。这就是世界进化的方向。毫无疑问，和在现实世界中一样，品牌需要在虚拟的平行世界中找到立足之地。"那么，品牌如何才能在元宇宙这个新的营销生态中获得成功呢？

1. 坚定信念

内部主要决策者坚定信念是品牌推行新战略的前提。这种信念能帮助品牌商建立长期策略，迎接挑战，而不是把元宇宙当做实验的场所，草率入局，又草率收场。元宇宙发展是一个长期的过程，如果品牌商仅进行短期或一次性尝试很难看出效果，甚至可能适得其反。因此，品牌商要从战略层面对元宇宙予以重视，制订长期的发展计划。

2. 拥抱技术人员

随着各种创新技术的商业化应用，与技术专家合作将是品牌未来的一大趋势。

技术人员将成为品牌未来新的创意领导者，为品牌提供与技术相结合的营销方案。他们是品牌的合作伙伴，而非单纯的技术供应商。而各品牌的虚拟营销官可能会身兼营销、创新、开发数职，各部门的结合也会更加紧密。

3. 早期风投和孵化

建立长期愿景，专注战略投资，是各品牌在元宇宙中获得成功的核心原则。百威英博在 NFT 领域的成功就是来自一位慧眼独具的高管做出的战略决策。

现在，大部分品牌商都选择的是开发虚拟形象这一路径进入元宇宙领域。其实，有一些品牌已经成功开发了其他路径。例如，百威英博的 NTF 虚拟马匹被纳入虚拟赛马游戏 Zed Run 中，可口可乐发起的含有虚拟服装和品牌纪念图像的虚拟战利品活动等。

4. 建立伙伴关系

目前，成功的元宇宙营销案例都离不开与平台或 IP 的密切合作。例如，各大品牌商与天猫超级品牌日联合打造虚拟乐器、Gucci 在 Roblox 平台举办活动、BOSE 邀请虚拟数字人代言等。品牌商应该把与平台或创作者合作看作常态。未来，元宇宙方提供技术和用户，品牌商制造主流影响力，并规模化销售，这种合作模式将成为一大趋势。

5. 数字营销 vs 虚拟营销

目前，优秀的数字营销人员精通的是漏斗管理和媒体优化，对于去中心化的虚拟营销尚未有清晰的认识。品牌商需要结合现有的数字营销知识，拥抱新技术、新知识，培养专业的虚拟营销人才，以应对即将到来的元宇宙营销大趋势。

第10章

打造新型经济体系：数字经济繁荣发展

数字经济是以数据为主要生产要素的经济活动，无论是物质产品，还是非物质产品，只要在任何一个环节利用了数据，都可以归属为数字经济。G20峰会发布的《二十国集团数字经济发展与合作倡议》对数字经济下了定义："以使用数字化的知识和信息作为关键生产要素、以现代信息网络作为重要载体、以信息通信技术的有效使用作为效率提升和经济结构优化的重要推动力的一系列经济活动。"

从研究对象和使用范围来说，元宇宙经济是数字经济的子集，是其最具创新性的部分。元宇宙经济的思路和工具，对发展数字经济有重要启示。元宇宙经济摆脱了传统经济的天然限制，如自然资源有限、秩序保障制度复杂、建立市场成本巨大等。因此，元宇宙需要重新设定规则，从零开始建立新的经济体系。

10.1 元宇宙存在完整的经济体系

元宇宙依托游戏而生，随着技术的发展，一些大型游戏已经有了生产、流通、消费数字产品的功能，如创造道具、买卖皮肤等，已经形成了元宇宙经济的雏形。元宇宙的终极形态是一个与现实世界平行的虚拟世界，能独立存在。因此，一个完整的经济体系是元宇宙存在的基础，它能让人们真正实现在元宇宙中生活。

10.1.1 三个要素解读元宇宙价值链

随着互联网普及率的上升，我国互联网流量已进入存量时代，用户规模趋于稳定，红利逐渐消失。市场饱和带来的结果就是内卷。目前，互联网产业在内容、传播方式、交互、互动性上已经开始缺乏突破和创新，很多公司虽玩出了很多"新花样"，有效增长却近乎停滞。同时，互联网市场也掀起了一轮反垄断浪潮，2021年2月7日，国务院反垄断委员会印发了《关于平台经济领域的反垄断指南》，多家互联网巨头陆续接受反垄断调查。

无论是增长空间变小，还是政府对互联网垄断的监管加强，都在促使互联网企业寻找新的增长点。而元宇宙概念的出现正好提供了突破口，越来越多的互联网企业开始发现，互联网技术并非线性发展，而是多种技术的组合。这种组合构筑起了一个全新的虚拟世界，由此产生了全新的价值链，为互联网行业提供了新的商机。

1. 体验与发现层

体验与发现层指元宇宙打通了人们娱乐、社交、消费等活动与虚拟世界的壁垒，用户的内容体验焕然一新，促使各互联网企业挖掘内容显示的新场景。

2021 年 4 月，世纪华通旗下点点互动打造的元宇宙游戏 *LiveTopia*（闪耀小镇）在 Roblox 平台上线，这款游戏在短短几个月内就做到了月活跃用户 4 000 万人，累计用户超过 1 亿人的骄人业绩。

在 *LiveTopia* 大型开放式角色扮演游戏中，玩家可以在游戏世界扮演自己喜欢的角色，并与其他玩家一起体验各种各样的生活，创造属于自己的故事。*LiveTopia* 逼真地还原了城市系统，玩家不仅能体验现实世界中的地铁、机场、公园等，还可以拥有自己的领地，并在领地上建造房子。此外，游戏中还有数不尽的服装、道具、宠物等，玩家可以在 *LiveTopia* 中尽情演绎别样人生。

图 10-1　*LiveTopia*

目前，像 *LiveTopia* 这样的元宇宙游戏还有很多。它拓展了游戏的功能，围绕着虚拟经济进行重塑，把生活中的许多其他场景搬到了游戏中。随之而来的便是广告系统、互动方式的变革。内容的创新发展使用户有了全新的体验，互联网企业自然也有了新的增长点。

2. 人机交互与空间计算层

人机交互与空间计算层指的是为了给用户提供沉浸式的交互体验，各互联网公司竞相瞄准相关技术赛道，以求在元宇宙变革中"领跑"。

网易 CEO 丁磊曾在采访中表示，网易已经在元宇宙相关技术上做好了准备，有能力迎接元宇宙的到来。事实上，网易对"元宇宙"的布局早已开始。此前，网易就申请注册了"网易元宇宙""伏羲元宇宙"等商标，还投资了多家虚拟人领域创新公司。

目前，网易在元宇宙领域的专利布局上，主要集中在相关技术领域。网易对虚拟现实、人工智能、引擎、区块链等领域均有涉及，并储备了大量技术。据智慧芽的统计数据显示，网易已有元宇宙相关领域的专利申请 110 余件。其中，有 30 余件专利被引用过。这些专利的申请人中有腾讯、联想等互联网巨头。

技术是元宇宙发展的基础，只有相关技术有了跨越式发展，人们才能更接近元宇宙的终极形态。手握元宇宙相关技术越多的公司，就可以成为元宇宙发展过程中最先分得红利的参与者。

3. 去中心化与创作者经济层

去中心化与创作者经济层指的是为了建立一个内容丰富的元宇宙，元宇宙的内部应该是去中心化的。人人可以参与元宇宙的建设，用户既可以消费内容，也可以生产内容。而企业便要尝试构建这样的生态，提升原创作品的价值，形成创作者经济。

Twitter CEO Jack Dorsey 曾言，自己从未想过给创作者分成，但随着 Web 3.0（网站内的信息可以直接和其他网站相关信息交互）时代的到来，便改变了主意。2019 年，Twitter 宣布要实现去中心化，打造一款 Web 3.0 产品。2021 年，Twitter

推出了"超级关注"功能，用户可以每月额外付费给创作者，订阅该创作者的独家内容，创作者可以通过内容盈利。

此外，Twitter 还推出了"新闻通讯"功能，创作者可以发布新闻资讯挣钱。除此之外，Twitter 还有一项 Crypto 服务。有了它，用户可以方便、快捷地转移资金，即使从美国向萨尔瓦多汇款，也不用像以往那么麻烦。这些功能显示出了 Twitter 向去中心化发展的决心，也昭示了未来创作者经济发展趋势。

去中心化的创作者经济的形成是保证元宇宙开放、无边界的前提。元宇宙的发展动力有限，无法满足用户日益增长的需求。互联网企业应当转变思维方式，由中心化的垄断思路转变为和用户一起共建、共创，这样才能解决内容供给不足、创意能力下降的问题。

元宇宙的出现诞生了新的价值链，给互联网产业带来了巨大的发展机遇和商业变革。虽然目前元宇宙仍处于探索期，相关技术尚未有突破性进展，但与元宇宙相关的经济产业已经萌芽，互联网产业新的增长点已经初露端倪。

10.1.2 元宇宙经济 VS 数字经济

元宇宙不只是虚拟现实、云计算、全真互联网、大数据等技术的狂欢，更是人类未来的生活方式。如果说过去 20 年是互联网改变了人类的生活方式和经济结构，那么未来 20 年将是元宇宙深刻影响社会、重塑数字经济体系时期。

数字经济的出现，引发了新一轮智能革命，将人类带入信息社会。2020 年，我国 1-11 月份网上零售额为 1.05 万亿元。其中，实物商品占比 25%，这意味着我国居民有四分之一的商品是通过网络购买的。可见作为数字经济的先行者，电商和网络支付正处于飞速发展阶段。《华盛顿日报》曾报道，一个经济学家曾评论新型冠状病毒肺炎疫情把 2030 年提前到了 2020 年，即上班变成了居家上班，线下消费变成了网上消费，十年后的场景已经提前到十年前实现，数字经济社会将会更快到来。

元宇宙经济是数字经济中最具创新性的部分。在元宇宙作用下产生的新经济内容，例如生产、交易、服务等都会发生巨大的变化。元宇宙渗透到人们生活中的各个领域，人们的日常生活也会变得更加互联，甚至能实现全球的共同发展。

1. 国际数字货币体系

元宇宙经济的发展，需要统一的国际数字货币体系作为支撑。要想实现元宇宙，虚拟货币的交易支付就不能只局限于某一个国家或地区，而是覆盖全球每一个国家和地区。未来，在元宇宙中，人们不需要每到一处就用本国货币兑换他国货币进行消费，而是有一个国际交易一般等价物，即国际数字货币。人们可以用国际数字货币在元宇宙中进行消费，购买任何国家的数字产品，没有国界的限制。

随着元宇宙的发展，建立国际数字货币体系的呼声越来越高。如果我国能率先做出前瞻性尝试，这不仅可以帮助我国数字人民币尽快走出国门，还可以让银联的标志率先进入元宇宙，让人民币未来成为区块链和元宇宙的核心货币。甚至，人民币有望成为世界通行货币。

2. 现代财税治理体系

元宇宙经济快速发展，不仅会让市场、货币体系发生重大变革，相关的财税治理体系也会发生改变。当国际贸易不受物流局限时，海关职能如何重新定义，线上交易如何缴税，海关如何管控数字服务走私等。这些问题都需要深刻思考。

国际数字经济贸易向元宇宙趋势发展，会冲击各国现行的财税治理体系。

因此，我们必须提前研究国际数字货币体系下新的财税理论体系和制度。新的财税制度既不能阻碍人们追求美好生活，又不能制约元宇宙经济前进的步伐。古往今来，财税制度始终围绕着时代变迁。到了元宇宙时代，在以国际数字货币为统领的环境下，如何构筑新的财税制度，也是我们发展元宇宙经济的一个重要课题。

10.1.3 区块链和数字货币是元宇宙经济体系的底层基础

元宇宙的终极形态需要满足 5 个特点：第一，虚拟身份，每个人对应现实世界有一个元宇宙 ID，并对其负责；第二，社交关系，每个人可以用元宇宙 ID 实现具有真情实感的社交关系；第三，极致沉浸感，低延迟保证每个人都能身临其境；第四，极致开放性，人们可以在任何地点、任何时间进入元宇宙，享用海量内容；第五，经济法律体系，保证元宇宙安全、稳定。

在这些构成元宇宙的要素中，公平的经济系统被认为是保障元宇宙运行的核心，而区块链在建立元宇宙经济体系的过程中发挥着举足轻重的作用。

终极形态的元宇宙是一个建立在互联网基础上的虚拟世界。在元宇宙中，数字产品拥有完整的创造、交换、消费环节，人们可以在元宇宙中完成游戏、创造、娱乐、社交、交易等体验，拥有极高的参与度和沉浸感。因此，区块链构建的信任体系是元宇宙的基础，也是其经济体系得以稳定运行的保障。

只有构建了公平的经济体系，才能保证所有的参与方被公平对待，获得相应的回报，不会发生随意泄露个体隐私、数据被盗等安全问题。因此，区块链不可篡改的特点，可以说是最适合元宇宙的底层基础。在大数据时代，区块链的作用只是让虚拟世界的物品成为数字物品，而在元宇宙时代，区块链能让数字物品变成数字资产。

如果说区块链是元宇宙的基础设施，那么其中的原生数字货币则是元宇宙经济体系的通行证，承担着这个平行世界中价值转移的功能。

元宇宙将创造一个闭环经济系统，任何数据贡献都可以用区块链技术溯源，搭配原生数字货币作为激励，整个元宇宙的价值转移过程就能畅通无阻。

在一些元宇宙游戏中，玩家可以在虚拟世界中工作，赚取虚拟资产，而虚拟资产和实体资产可以相互兑换，成为玩家的收入。这不仅让虚拟资产产生了实际价值，更为用户在元宇宙的身份、财产、经济体系提供了运转规则。

互联网已经构建起了虚拟世界，而元宇宙是信息技术变革带来的虚拟世界的深度发展。它之所以与互联网世界不同，是因为元宇宙有两个重大的突破点：一是区块链技术的应用，对过去无法标记所有权的数字资产进行了确权，这是数字资产实现交换的基础，而交换则是经济发展的基础；二是体感技术的广泛应用，增加了虚拟世界的入口，让人们的视觉、嗅觉、听觉、触觉等多种感官都可以进入虚拟世界，彻底跨越了现实世界和虚拟世界间的鸿沟。

在数字货币这一块，我国也进行了相关尝试。中国人民银行试点发行了数字人民币 DC/EP（Digital Currency Electronic Payment，数字货币和电子支付工具）。这款数字人民币的功能和属性与纸质人民币完全一样，唯一的区别就是形态是数字化的。

那么，同样是电子支付，数字人民币与我们使用的微信支付和支付宝有什么不同呢？

首先，人民币是法定货币，任何个人和机构都不能拒收。例如，我们在某商场消费，老板说我们这里不能用微信，只能用支付宝付款，你只能乖乖拿出支付宝扫码。但数字人民币就不一样了，它的形式与纸质人民币相同，要是老板不收，我们可以直接报警，因为不收现金是违法的，即使它的形态是数字的。

这样一来，不同平台的支付壁垒也就消失了，因为数字人民币可以在任何平台上流通。也就是说，未来我们不需要再把微信零钱转到支付宝上了。

其次，很多第三方支付平台都要求绑定银行卡，我们用微信或支付宝付款，其实相当于先从银行取款，再进行支付。而数字人民币不需要银行卡，可以和现金一样直接使用。当然，数字人民币也需要线上钱包来储存，至于这个线上钱包是单独的 App，还是第三方插件，目前还不得而知。

再次，数字人民币无须网络就可以完成支付。尽管现在互联网普及率已经非常高，但还是有一些场景因为没有网络无法完成电子支付，而数字货币就不会有这样的问题。中国人民银行曾介绍数字人民币可以实现双离线支付，即使付款方和收款方都处于离线状态，也能完成交易。

不过双离线支付也面临安全风险，有人可能会利用验证的时间差将同一笔数字货币重复消费。为了防止这种现象，目前的第三方支付平台会对每一笔交易进行验证，而双离线支付无法在第一时间进行验证，因此，双离线支付目前只能用于小额、零售的业务场景，以此来降低风险。

最后，数字人民币匿名消费，第三方平台无法追踪。我们在享受移动支付的便利的同时，也将自己完全暴露在互联网上。平台可以据此追踪我们的行动轨迹，这也是许多 App 能做到"大数据杀熟"的原因。而数字人民币可以做到匿名交易，商家、银行、第三方平台都无法追踪，这样一来，我们的隐私便得以保护。

从目前的信息来看，数字人民币的使用方法与支付宝和微信不会有太大差别。但数字人民币集合了现金和移动支付的优点，既具备便捷性，又具备现金的匿名性，是一个优于现有支付方式的支付方式。

数字人民币的推出，对于中国的货币体系和移动支付市场，都具有里程碑式的意义。这将加速我国现金电子化进程，让我们更接近无现金社会。

10.1.4 元宇宙经济的四大特征

既然元宇宙经济大有前景，那么如何构建元宇宙经济体系，它由哪些要素组成呢？

1. 数字创造

构成经济体系的要素有 3 个，即商品、货币、价值。首先看商品，在现实世界中，商品是人们创造的实物或服务，有实体或者能亲身体验。而在元宇宙中，人们进行的是数字创造，商品就变成了由数据组成的数字商品。

例如，在游戏里建造的房屋、剪辑拍摄的短视频、编辑推送的图文等，这些都是数字商品，它们是元宇宙经济的要素之一。

2. 数字资产

数字商品想要进行销售，必须要有价值。而现在数字商品有一个严重问题，即难以确定版权归属，极易被复制和剽窃，也就难以衡量其价值。因此，元宇宙经济体系需要有一个底层平台，严格保护数字商品的版权，让它们拥有和实物资产同样的价值，这样数字商品才会流通，真正的元宇宙经济才会形成。

3. 数字货币

为了更方便地衡量数字商品的价值，元宇宙中还要充当一般等价物的数字货币。它的职能与现行货币一样，作为交换媒介，提高交换效率，让元宇宙世界中的价值交换变得更便利。

4. 数字市场

有了数字商品，自然会产生数字市场，它是元宇宙的交易场所，代表元宇宙经济的参与者必须遵循的规则，是元宇宙经济得以繁荣的基础。例如，人们买卖数字商品都必须遵循市场规则，不能随意定价、恶性竞争、欺诈他人等。市场可以维护元宇宙经济的稳定，让其在规则和秩序中可持续发展。

10.2 数字资产爆发，万物皆可 NFT

2021 年 6 月，在苏富比拍卖活动上，Cryptopunks 系列中的一个作品——*Cryptopunk #7523* 以 1 180 万美元被售出，创造了同系列 NFT 作品的最高售价世界纪录。

元宇宙的爆发，让人们开始关注 NFT 市场，更多的机构和个人将现实世界中的物品铸成 NFT，涉及多个领域，包括代码、动画片、历史新闻、赛事门票等。NFT 以其独特的方位功能出圈，受到了许多人的追捧。许多信息都在证明"万物皆可 NFT"的时代已经到来，越来越多的人开始接受把 NFT 作为资产配置的一部分。

10.2.1 技术解析：NFT 的运行机制

NFT 是可以锚定现实世界物品的数字凭证。它能够映射特定资产，包括游戏皮肤、虚拟地块等，并将该资产的相关权利、流转记录等记录在智能合约的标示信息里，然后再在对应的区块链上生成一个无法篡改的独特编码。

2012 年 Colored Coin（彩色币）出现，这是第一个出现的类似 NFT 的通证；2017 年，CryptoPunks 诞生，它是第一个真正的 NFT 项目；2021 年上半年，NFT 销售额达到 25 亿美元，总市值突破 400 亿美元。可见 NFT 市场非常火热。

2017 年，出现了 NFT 的第一个技术标准，名为 ERC721。与 ERC20 不同，ERC721 可以跟踪各个令牌的所有权，令牌因此具有不可替代的独特价值。*CryptoKittes*（一款猫繁殖游戏）是 ERC721 第一次成功的应用，每个 ERC721 代表唯一的数字小猫，最昂贵的数字小猫甚至标价达到了 172 625 美元。

独一无二的 NFT 是如何赋予所有者权力的？下面以区块链公司 Enjin 与 Microsoft 合作创建的项目 Microsoft Azure Heroes 为例，说明 NFT 的运行机制。

Enjin 开发了 5 个徽章，如图 10-2 所示。每个徽章都将限量供应，并由区块链提供支持，用于奖励给对 Azure 平台有贡献的人。

图 10-2　Enjin 开发的五个徽章

每个徽章都是一个 ERC-721 令牌，其可以存储在 Enjin 钱包中，也可以像数字资产一样进行交易。每个徽章都拥有所有权，有着独特的价值。要获得徽章，就要提交候选人身份，并为 Azure 平台做贡献。微软团队经过审核后，用户可以收到数字徽章，然后通过扫描 QR 码（二维条码的一种）发表声明。

当然，这只是 NFT 的一种运行机制，其他 NFT 平台，如 CryptoKitties、Qtum 等，还有不同的获得 NFT 的方法。

10.2.2 明确价值：NFT 展示数字资产的价值

为什么 NFT 会被寄予厚望？它的价值体现在哪里？

NFT 的存在解决了一个最重要的问题，即我们从未真正拥有过数字资产。现实世界中有两种资产存在交易困难：第一种，房产等单价较高的资产交易较困难；第二种，权益、IP 等无形资产，因无法被定价，所以很难达成交易。但如果这些无形资产被铸成 NFT，一方面，人们拥有的资产和空间就能成倍增长；另一方面，无形资产的流动性就会提高，更容易实现流通。

互联网的飞速发展，带来了数字经济，而这为 NFT 的发展提供了基础。某投资机构曾预测，随着数字内容价值的不断提高，知识产权以 NFT 的形式"上链"是一种必然趋势。届时，数万亿个数字内容将被转移到二级市场，这将释放巨大的价值。这肯定了 NFT 在原创著作、艺术品等领域的潜在价值。

NFT 借贷平台 Rocker NFT，允许用户抵押 NFT 借出 DAI。Qwellcode GmbH 联合创始人在该平台抵押了艺术家 Josie Bellini 创作的 NFT 作品，借出了 1 000DAI，期限 6 个月，利息为 15%，这是首笔基于 NFT 作品的抵押借贷。

NFT 作品产生的流动性溢价，是支撑它作为"数字资产"存在的基础。也就是说，以 NFT 作品的应用为锚点，进行 ERC20 通证的裂变分发，然后通过交易所实现流通溢价，这种"同质化加密货币+非同质化资产"的金融模式，让 NFT 拥有了更大的潜在价值。

NFT 非同质化的属性，让每一份资产都有完整的价值，这代表了未来的数字化价值。分布式网络和区块链技术带来的信任支撑，可以使 NFT 实现流转。

10.2.3 安全可靠：保证用户权益和安全流通

作为一个更开放的互联网世界，元宇宙需要更安全、可靠，才能让用户放心地在元宇宙中生活。传统互联网平台中有关虚拟资产和虚拟身份问题，是阻碍元宇宙到来的重要因素。例如，虚拟资产解释权在平台手中，其属性不明确；虚拟世界的经济系统完全依赖运营者的水平，无法自发展；用户身份信息完全被平台掌握，缺乏隐私等。

通过 NFT 记录虚拟资产的归属信息，可以解决以上问题。这种权益记录可以让虚拟资产像实物资产一样处置、流通、交易，不受中心化平台的限制。虚拟资产也可以因此实现跨平台流通。

通过 NFT 记录虚拟资产的归属信息，实现点对点交易，本质上是因为这些项目用去中心化的区块链平台进行资产清算，降低了信任风险，让资产流通更加安全、高效。

同时，W3C（万维网联盟）提出了基于区块链的分布式数字身份的概念。DID（分布式数字身份标识符）是一种去中心化、可验证的标识符，由字符串组成，用来代表一个数字身份。用户可自主完成注册等操作，不需要中央注册机构，可有效避免身份信息被第三方获取。

有了这项技术，社交平台无法再进行社交数据的垄断，人们的身份信息可以更安全。这种模式还能促使新的社交应用诞生，以期更符合元宇宙的社交场景。

10.2.4 生成+交易：盈利方式多样

目前，NFT 生态系统中常见的盈利方式有 3 种，即直接出售、二级市场交易手续费、游戏内部经济交易手续费，如图 10-3 所示。

直接出售　　　　　　　　　　二级市场交易手续费

NFT盈利方式

游戏内部经济交易手续费

图10-3　NFT 盈利方式

1. 直接出售

直接出售是 NFT 领域中常见的盈利方式。大型游戏发行商收入的主要来源也是向玩家销售数字商品。游戏《堡垒之夜》高达 42 亿美元的收入，有很大一部分来源于向玩家销售"皮肤"等完全数字化的产品。在目前与可以预见的未来里，直接出售 NFT 依然是一条不错的生财之道。

2. 二级市场交易手续费

游戏发行商们还可以通过开发的物品二级市场来盈利。例如，有着"加密商品 eBay"之称的 OpenSea 上的开发者就能通过设置二级市场销售抽成来赚钱。

OpenSea 是一个去中心化的资产交易平台。用户可以在上面交易加密的数字资产。在 OpenSea 上的交易，用户需要支付一定的手续费，一般为交易金额的 2.5%。除此之外，有些游戏发行方也会收取手续费，例如，《我的加密英雄》这款游戏，游戏发行方会收取交易金额的 7.5% 作为手续费。

3. 游戏内部经济中的交易费

从游戏内部经济中收取交易费也属于二级市场收费模式，但它主要面向用户生成的 NFT。例如，在 *Cryptovoxels* 中，用户可以自行创建名为"可穿戴设备"的道具，然后相互交易。因这个市场完全是游戏原生的，所以 *Cryptovoxels* 的开发者会从用户的每次交易中收取小额交易费用。

游戏内部经济中的交易费在如今的 NFT 领域的盈利中仅占一小部分，因此，公司很难将此作为主要的盈利模式。但是，一旦游戏发展成了元宇宙，进化到终极形态，能够坐拥数百万位甚至上亿位用户，这种类型的盈利模式可能会成为企业主要营收来源。

10.2.5　市场交易火热，彰显市场潜力

从支付宝在"蚂蚁链粉丝粒"上发布付款码 NFT 皮肤被迅速抢光，到腾讯上线 NFT 交易软件"幻核"受到广泛关注。国内互联网巨头对 NFT 市场跃跃欲试，可见其市场潜力巨大。下面介绍 NFT 都有哪些常见的应用。

1. 游戏

目前，区块链游戏是使用 NFT 最多的案例。这类游戏常见的模式是边玩边赚（Play-to-earn），主要利用 NFT 的独特性和可交易性，创造适合游戏的经济体系。但在游戏本身的设计上缺乏新意，无法吸引币圈之外的玩家放弃中心化游戏加入区块链游戏。经过几年的发展，区块链游戏的开发者们也发现了扎实游戏体验的重要性，最近几年也出现了一些游戏体验不错的区块链游戏。

Axie Infinity 是一款基于以太坊区块链上的 NFT 游戏，用户可以通过游戏中的繁殖、对战等模式赚取游戏通证进行消费或交易，如图 10-4 所示。目前，Axie Infinity 已经是当下最火的区块链游戏，单日收入已突破 1 200 万美元。

玩家如何通过 Axie Infinity 获利？目前，战斗、繁殖是支撑 Axie Infinity 经济系统的核心模式。

首先，战斗模式。玩家操作自己的 Axie 团队选择 PvE（玩家对战环境）或 PvP（玩家对战玩家）模式进行战斗，胜利的一方获得通证（SLP）奖励，而排行榜第

一的玩家每季度还可以获得通证（AXS）奖励。

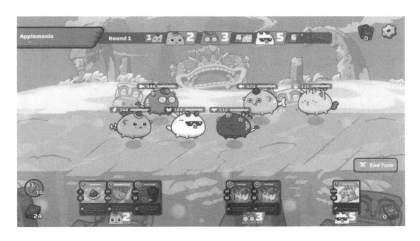

图10-4 Axie Infinity

其次，繁殖模式。玩家操作两个 Axie 在游戏中交配繁殖后代，产出的 Axie 可以售卖或收藏，但是繁殖需要消耗战斗获取的 SLP。

支撑 Axie Infinity 经济系统运转的就是 SLP 和 AXS 两种通证。SLP 是战斗获得的奖励，也是 Axie 繁殖的必需品，它让游戏形成闭环，为普通玩家提供赚取收入的渠道。AXS 则是 Axie Infinity 系统的 ERC-20 通证，主要用于权益质押、治理和支付，玩家可以通过玩游戏、参与关键治理投票赚取 AXS。

综上所述，Axie Infinity 开发者让玩家、Axie、通证三者形成了完整的闭环，以保证游戏内部的经济系统可以有序运转。

2. 社交

社交平台是 NFT 出圈的重要媒介。NFT 社交平台为 NFT 持有者提供了一个展示渠道，无论是投机者，还是投资者，都需要一个平台展示和讨论 NFT 收藏品。在人类的社交过程中，爱好被证明是人与人交往的很重要的触发点，它可能是一张唱片、一首歌、一本书。1961 年，Keith Richards 在车站遇到了手拿蓝调 Chess

唱片的 Mick Jagger，于是两人开始交往，几年后，滚石乐队便诞生了。NFT 收藏品也是一种爱好证明，它可以吸引同样的爱好者，以此达到社交的目的。

Nifty's 是一个 NFT 的社交媒体平台，它集合了优质的出版商、品牌、创作者、收藏家等资源，为其提供了一个与粉丝交流的入口。Nifty's 允许会员创建、收集、发现、策划 NFT 收藏品，并利用 MEME 协议技术，为创作者提供一个安全的环境启动 NFT。

另外，NFT 的通证激励能提高社交媒体内容的原创性，鼓励创作者提供更有价值的内容，最终提高平台的整体价值。2021 年 3 月，Twitter 创始人杰克·多西将自己发布的第一条推文拍卖，最终卖出了 290 万美金的价格。

3. 收藏

由于 NFT 的唯一性和不可复制性等特点，其与收藏领域有着天然的契合度。我国许多互联网公司对 NFT 的尝试也是从数字艺术品收藏开始的。

NBA Top Shot 是一款基于 Flow 公链的收藏游戏。NBA Top Shot 和 NBA 官方达成 IP 合作，用户可以通过游戏收集正版的 NBA 球星高光集锦，并在平台内交易，如图 10-5 所示。

图 10-5　NBA Top Shot

4. 虚拟土地

随着元宇宙和 NFT 的势头大好，在元宇宙中也出现了房地产。虚拟现实平台 Decentraland 中的一块虚拟土地以 243 万美元的价格成交，比之前虚拟土地的成交价格纪录（91.3 万美元）高出不少，甚至远高于现实世界美国各行政区的平均房价，如图 10-6 所示。

图 10-6　Decentraland

在所有 NFT 的创新应用中，虚拟土地可以说是一个新机遇。因各平台上虚拟土地的稀缺性，用户对虚拟土地的需求正在不断增长，而且这种增长的趋势还在继续。除此之外，因新型冠状病毒肺炎的流行，虚拟世界作为安全的社交互动空间，发展潜力巨大。因此，资本依然不会放弃对虚拟土地的开发和建设，例如，苏富比建设虚拟画廊，《吃豆人》开发公司雅达利建设链上拉斯维加斯，TO THE MOON 音乐节举办虚拟现场音乐节等。

如今，我们见证了数字经济的蓬勃发展，一些互联网大厂正在探索虚拟现实的更广泛应用。相信通过持续的研究，虚拟世界可以得到可持续发展，最终构建出虚实融合的新世界。

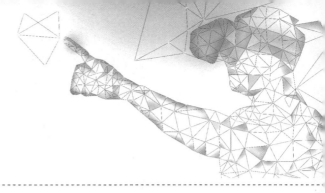

第11章

挑战与期望：有担忧更有希望

2021 年可以说是元宇宙爆发的元年，各大媒体疯狂报道，国内外互联网公司争相入局，大量资本涌入，元宇宙这三个字不断出现在大众视野中。

虽然元宇宙未来的发展看起来十分乐观，但我们也不能盲目相信。我们必须清晰地认识到，元宇宙正处于起步阶段，虽然潜力巨大，但也面临诸多挑战。

11.1 风险提示：一些问题尚待解决

元宇宙是一个既与现实世界平行，又与现实世界连通的虚拟世界，人们可以在其中交友、娱乐、创造、工作，开启"第二人生"。但想要达到这样的效果是很困难的，它不仅需要多种技术加持，还要克服许多难题，如政策、安全、治理、连接等。

11.1.1 治理风险：元宇宙不是法外之地

虽然元宇宙是虚拟世界，但它与现实世界互有交集，因此，元宇宙不是法外之地，不能成为滋生犯罪的温床。它需要有一套专门的法律法规，以保证每个参与者的权益，营造和谐有序的元宇宙环境。

1. 网络安全监管

人们要想实现在元宇宙中生活，就需要对元宇宙开放更多的个人信息，甚至包括生理反应、脑电波数据等，所以网络安全和隐私保护很重要。为了避免不法分子窃取个人信息实行诈骗等犯罪活动，元宇宙中必须有相关部门进行网络安全监管，督促平台方合规运营，保护数据传输的安全。

2. 知识产权保护

元宇宙是一个去中心化的虚拟世界。很多数字内容的价值非常高，所以需要重视对知识产权的保护。除了一些传统的知识产权形式，元宇宙中还会有一些新的知识产权形式需要保护，如开源软件、用户创作内容、虚拟形象等。这些新的知识产权形式对知识产权保护提出了新挑战，在现实的法律系统里，如何对此做出规制，这也是我们要研究的课题。

3. 互联网活动规制

因为元宇宙是在互联网基础上建立的，所以元宇宙的业务生态要遵循我国互联网活动的规制。例如，经营互联网游戏或互联网新闻等需要取得专门的许可或备案，相关活动要依法开展。

4. 金融政策

元宇宙内部有独立的经济系统。因此，元宇宙内部的经济活动也要符合相关的法律规定，例如，虚拟资产的交易、继承、纳税等问题。因元宇宙中的利益与现实世界相关，所以现实世界中的一些法律可以直接适用，有些法律则需要结合元宇宙的生态进行修改。

5. 争议解决机制

最后，元宇宙中还要有相关的争议解决机制，以处理元宇宙参与者之间的纠纷。元宇宙可能还要建立执法、司法机构，如元宇宙警察局、元宇宙法院等，惩罚违法者，保护参与者的利益。

想要建立一个和谐、有序的虚拟世界，完善的治理体系是必不可少的。目前，元宇宙尚处于起步阶段，相关的治理规则还没有跟上，需要我们继续探索。

11.1.2　政策风险：与现实世界打通的政策性指引

因疫情隔离的影响，越来越多的人选择通过网络进行工作和娱乐，这一趋势令"元宇宙"概念爆红。元宇宙涵盖各种虚拟现实场景，从虚拟办公，到游戏，到社区平台，而且很多都需要区块链技术支持，以及用 NFT 进行交易，这是元宇宙商业化的重要一环。

例如，在 Decentraland 上，用户可以交易 NFT 艺术品或在平台上举办展览收取门票，或直接出售虚拟土地。理论上讲，一切有道具、收藏属性的资源都可以NFT 化，并用于交易。

然而，元宇宙商业化的核心是自由交易和去中心化，因此，实现这一切需要获得政策方面的支持。目前，NFT 已经成为元宇宙经济体系中不可或缺的一部分，但相关监管机构仍未明确 NFT 是虚拟货币，还是一种证券资产。

当前，关于元宇宙的政策尚未明晰，政策的出台是否会为疯狂发展的市场踩下紧急刹车，我们尚未可知。但元宇宙想要与现实世界打通，并发展金融等属性，必须有国家政策保驾护航。

11.1.3　安全风险：数据保存与流动风险

就像电影《失控玩家》结尾展示的那样，元宇宙的目标是创造一个可以容纳所有人发展第二人生的虚拟世界，我们可以在其中尽情互动，从事生产经营活动，并创造价值。

作为一个庞大的数据体，元宇宙的发展也面临一个重大挑战，即如何保障数据的安全。很多人都有过这样的经历：在网吧登录网游账号忘记下线了，结果再登录就发现账号的装备被他人清空了。还有，自己的社交账号不知怎么回事被他人使用，不仅无法找回，还损失了很多值钱的装备。

被视为元宇宙雏形的 Roblox 同样也爆出了类似的风险。很多 B 站 UP 主曾发视频表示自己的 Roblox 账号被盗了，而视频下面的评论则表示，如果 UP 主没有绑定邮箱，那么这个账号就作废了。

要知道，元宇宙比网游复杂得多。元宇宙与现实世界互联互通，用户在虚拟世界中有虚拟身份、社会关系、数字创造、数字资产等。这些都价值不菲，甚至关系到用户在现实世界的生活。一旦账号被盗，用户在元宇宙中的数字身份就可能被他人替代，账户里的数字资产也可能被盗取。

事实上，随着 5G、大数据的飞速发展，数据安全也开始被政府、企业所重视。面对更加复杂的网络环境，一些数据安全建设落后的企业也因此付出了沉重的代价。

2021 年，《数据安全法》《个人信息保护法》等政策的出台让互联网从缺乏个人信息保护的"大蛮荒时代"走向了视数据合规为企业竞争力的"大合规时代"。这些法律法规的出台，帮助企业划清了边界，知道哪些数据可以对外开放，哪些不可以对外开放。例如，大数据交易中心就是因为法律的支持才得以正常开展业务。

未来，随着元宇宙的发展，信息安全将面临更多挑战，如更密集的监管、更高的举证责任、更高的违法成本等。对于企业来说，要将数据安全提升到战略层面，提升数据安全建设能力，可以依靠内部的数据安全团队或第三方数据安全公司来避免数据安全风险。对于政府来说，需要把控元宇宙发展大方向，继续完善相关法律法规，提高违法成本。

11.1.4　连接风险：虚拟与现实世界的强连通尚未形成

有人认为，有了元宇宙，人们就不会再继续探索外部世界。这个想法可能有些偏差。元宇宙不仅有虚拟世界，还包含现实世界。元宇宙不会离开现实世界独立存在，它是在现实世界基础上的拓展，未来的元宇宙应该是一个虚实融合的世界。

例如，我们在现实世界有一辆车，在元宇宙中也有一辆车，二者相互映射，这样我们在虚拟世界驾车，现实世界的车也会发动。只不过我们没有在车上，我们可能在家里，也可能在公司，但是由于元宇宙的沉浸式体验达到了极致，我们可以感觉到汽车周围的环境变化，谁又能说我们不是在现实世界驾车呢？

所以，当元宇宙与现实世界连接，就实现了虚实结合。未来会有更多的机器替代人工，很多事不需要我们亲力亲为，不需要我们亲临现场，我们只要通过网络，就可以实现远程操控。

但以目前的技术水平，我们还不能实现虚拟世界与现实世界的强连通，甚至还需要很长时间的摸索和研究。

1.　沉浸式体验画面效果无法达成

元宇宙极强的沉浸感要求其画面效果要能100%还原现实世界。目前，以极佳画质著称的游戏《赛博朋克2077》光制作就耗时8年，虽然其画质大受好评，但它和3D电影的画面还存在很大差距，而画面的呈现体现在每帧的算力上，游戏与电影的每帧算力相差数千万倍。而元宇宙的画面的每帧算力呈现要远远大于电影画面的每帧算力，可见如果相关技术和硬件没有突破性进展，是无法达到元宇宙的要求的。

2. 无法支持多人互动

让所有人进入元宇宙，则意味着元宇宙能容纳数以万计，甚至数以亿计的用户同时在线，这对网络服务器来说是一个巨大的考验。以举办一场十万人规模的虚拟演唱会为例，用户不仅要能顺畅地听完演唱会，还要能近距离多人语音交互，实时呈现个人动作等。这背后的海量运算和延时等问题，都对业界来说是挑战。

3. 缺乏内容生态建设

技术不成熟是元宇宙不能实现的客观原因之一，但缺乏内容生态建设同样也是阻止元宇宙发展不可忽视的原因。市场的壮大需要第三方 UGC 内容创业者的支持。如果说技术是元宇宙的骨，那么内容就是元宇宙的血肉。只有降低内容的制作成本，提高内容生产效率，才能开拓新应用场景，实现多元化的元宇宙。

元宇宙是未来，而现在正是占据主动权的最佳时机。想要实现虚实融合的新世界，需要社会的配合。无论是技术方、内容方，还是资本方，都要加快技术研究，找到实现元宇宙的突破口。

11.2 未来可期：路径探索，方向渐明

历史上人类的每一次变革，都会划分出一个新的时代，推动整个社会的文明发展。而元宇宙则可以说是人类的一次大变革，它将推动人类从信息时代进入虚拟时代，人们的生活、体验、认知均会发生天翻地覆的变化。随着社会上多方对元宇宙发展路径的探索，如今的元宇宙发展方向已经逐渐明朗，各条发展路径都有了一些创造性的成就。

11.2.1 沉浸式路径+叠加式路径：探索已经出现

对于元宇宙的实现路径，试验最多的是"沉浸式路径+叠加式路径"。

第一，沉浸式路径代表对 VR 技术的探索。人们佩戴 VR 设备可以进入一种"万物皆备于我"的沉浸式场景，这种场景是沉浸的，也是内卷的。刘慈欣曾言"VR 让人变得越来越内向"，即指 VR 让人们沉浸在虚拟世界中，而倦于开拓探索外部资源。

第二，叠加式路径代表对 AR 技术的探索。AR 技术是在现实资源基础上进行叠加和外拓。例如，给机器人加入情感，让其成为仿真机器人；用 AR 滤镜试穿线上服装等。

从人类未来发展的角度来说，元宇宙不能彻底脱离现实而存在，所以元宇宙的发展应该是沉浸式路径和叠加式路径的结合。AR 设备负责将数字化的场景覆盖到现实，VR 设备负责创造一个沉浸式的虚拟环境，从而让人们享受科幻电影一样的生活。

微软研究院曾展示了一项 AR/VR 技术，名叫 Remixed Reality。用户利用 Remixed Reality 技术可以准确控制现实场景中内容，在虚拟世界中混合现实。

Remixed Reality 不仅能实现现实场景的混合重现，还能在 VR 中改变环境，允许用户与现实世界交互。例如，改变纹理的外观变化；用户原地不动，从多个视角观察物理空间的虚拟变化等。Remixed Reality 除了可以给 AR/VR 游戏带来更真实的体验，还可以应用于许多其他领域，如重要会议、设计房间等。

目前，AR/VR 在各领域的应用越来越多，例如智慧城市、智能工厂、自动驾驶等。随着 AR/VR 技术的发展，人们离虚实融合的新世界越来越近。

11.2.2 虚拟世界中打造虚拟工作空间，将工作搬入元宇宙

现在，各大互联网公司的工作环境都非常好，充满着科技感，这是 20 世纪七八十年代的创业者们不敢想象的。随着虚拟技术的进一步发展，办公场景也许会被进一步虚拟化，并率先在互联网公司中得以试用，然后推广至全行业。如今，视频会议的普遍应用便是未来虚拟办公的雏形，它拉近了人们的空间距离，消除了距离对工作的限制。

事实上，场景虚拟化很早就被运用到军事活动中了。1991 年，美国在"东距 73 战役"后将战役场景还原到了虚拟世界，以便军校的学员学习战斗经验。而这样的"嵌入式训练"应用到商业场景中就变成了"嵌入式办公"。未来的办公环境会把各个城市的会议室连接到一个虚拟办公室，让人们即使相隔千里也能一起工作。

虚拟办公是未来商业的起点。未来，公司都会有自己的仿真器和仿真系统，可以构建出虚拟办公场景，并可以按照会议的主题实时更新。未来，公司的负责人可以通过仿真器来到同一个虚拟办公室场景，可以在虚拟办公场景中展示 PPT，讨论有关事项，并且能看见其他人的动作、表情、神态，和在现实世界中开会并无差别。

除此之外，未来的公司也不需要实际的办公楼和办公室了，很多员工也不用通勤，可以直接在家办公。每个员工在虚拟办公室都有自己专属的位置，可以通过自己的仿真器接入公司的仿真系统，直接在虚拟办公室完成工作。当我们在虚拟办公室和同事面对面讨论问题时，对面的同事可能身在其他城市，甚至远在国外。虚拟办公可以实现零距离办公，让办公成本更低、更灵活、更高效。

有人或许会说，这样的场景离我们还太远。其实不然，随着互联网的发展，

随着虚拟现实、大数据、人工智能等技术的进一步深度融合，很多企业已经做出了前瞻性探索。

中国移动云视讯就是其中之一。云视讯以云计算为核心，采用公有云部署方式，让企业用户可以通过互联网实现跨地域多方视频沟通，为创新协作、无边界的智慧办公提供了有力支撑。

目前，云视讯主要和政府与企业合作，提供高品质、专业级视频会议解决方案，支持高清音频、高清视频等功能，支持手机、固话等终端接入，让远程交流就像共处一个会场，如图 11-1 所示。

图 11-1 中国移动云视讯云会议图片

新型冠状病毒肺炎疫情的出现也加速了虚拟办公的进程，让许多远程协作工具走入人们的视野。相信，在不远的未来，在家办公能成为常态。人们足不出户，便能实现无边界交流。

11.2.3 数字资产交易可行，种类渐趋多样化

随着区块链技术的迅速发展，数字资产开始被投资者青睐，数字资产的交易形式和种类也开始日趋多样化。

1. 币币交易

币币交易指数字货币和数字货币之间的交易，即以一种数字货币为计算单位，购买其他数字货币。

2. 法币交易

法币交易指用法定货币购买、交易数字资产。传统的加密货币交易平台只能用法定货币交易。如果投资者想购买其他种类的数字货币，要么追加投资另购买其他种类的数字货币，要么把之前的数字货币兑换成法定货币，再购买其他数字货币。

使用这种兑换方式，投资者要付出一定的经济及时间成本。而且随着数字货币种类增多，这种交易方式已经很难满足投资者了，更多的投资者开始转向币币交易。

3. OTC 交易

在交易平台以内的交易称为场内交易，而在交易平台以外的交易称为场外交易，又叫 OTC 交易。

OTC 交易市场没有统一的交易制度和撮合机制。如果用户想购买数字货币，有两种方式：一是直接选取售价便宜的卖家，一对一交易；二是在平台发布广告，填上理想价格，等待愿意接受该价格的卖家与你联系，并完成交易。

4. 限价交易

限价交易指用户设置一个买入或卖出数字货币的价格和数量，生成委托单，

然后系统会自动撮合另一个用户与该用户达成交易,交易会按照该用户的设置(价格优先或时间优先)自动成交。

5. 市场交易

市场交易分为市价买和市价卖。市价买指用户设置总金额,生成委托单,系统自动撮合交易完成。市价卖指用户设置卖的总数量,生成委托单,系统自动撮合交易完成。

6. C2C 交易

C2C 交易指买卖双方在 C2C 交易平台上发布购买数字货币或卖出数字货币的信息。然后,买卖双方根据约定,线下完成交易,而平台作为中间人从每笔交易中抽取一定的手续费。

第12章

落地思考：元宇宙中的机会

扎克伯格曾言："5 年时间，Facebook 转变成主要发力元宇宙，给元宇宙增加了无限机会。"如今元宇宙的发展尚处于起步阶段，许多领域尚待开发。作为未来的发展趋势，元宇宙不仅是各大互联网企业的狂欢，也是每个行业每个人需要重视的发展方向。如果想象中的元宇宙成为现实，可以改变我们生活的方方面面，这也意味着许多行业都会受到影响。因此，我们要转变思路，抓住元宇宙这一机会，找到属于自己的赛道。

12.1 新技术机会：元宇宙时代下的技术趋势

技术是元宇宙发展的基础，元宇宙的火热给众多新技术带来了巨大的发展机会。大量资本涌向人工智能、虚拟现实、动作捕捉及传感器等技术，使这些行业迎来了高速发展期。

12.1.1 聚焦 AI 技术，打造智能的虚拟数字人

在过去的 20 年里，互联网把现实世界中的社交关系转移到网络上，如视频会议、在线购物等。而在未来的元宇宙世界中，我们将与更聪明的 AI 进行交互，互动体验甚至能超越人与人的交互，也有可能出现类似电影中的仿生机器人。

人工智能是元宇宙的一个重要组成部分，而机器通过深度学习和人工智能技术，代替人们进行一些重复、琐碎的工作也是未来发展的一大趋势。因此，人工智能是众多企业都应该重视并着力探索的领域。在未来，更智能的虚拟数字人也许会无处不在。

许多人都在银行、保险公司、证券中心办理过业务，我们在办理业务时经常需要配合工作人员，眨眨眼，摇摇头，读出一段话，以完成业务办理。这其实是在银行、保险公司、证券中心办理业务时的"双录"操作。"双录"操作可以完整、客观地记录用户业务办理过程，对办理过程留痕，以便规范金融操作行为，为日后争议提供依据。

随着金融业务的发展，许多业务场景都需要"双录"。自 2017 年，银保监会发布了关于"双录"的规范后，要求越来越高。而传统的人工质检效率低，成本高，已适应不了快速发展的业务需要。而且在业务高峰期，面对应接不暇的用户需求，人工操作显然会降低服务质量。所以，需要借助虚拟数字人让"双录"变得更加智能化和自动化，

标贝科技打造 AI 虚拟数字人全面引入人脸识别、语音合成等技术，可实现用户与虚拟数字人的"面对面"交流，非常适合智能问答、业务咨询等业务场景。

虚拟数字人的双录主播功能可以 24 小时上岗，且无须培训，内容制作更便捷，如图 12-1 所示。用户双录是自助完成录制音视频、身份认证、风险揭示、电子

协议签署等认证留档过程，显著提高了"双录"的效率。

图 12-1　双录主播

双录主播运用 TTS 语音合成技术自动播报，话语准确、清晰、完整，并且支持流程、话术后台配置，可以基于不同金融服务场景设置"双录"的关键节点。双录主播还会对重要信息重点提示，降低了用户独立操作的难度，有效防止录制过程中出现遗漏问题，提高了"双录"的一次性通过率。

双录主播有以下几个优势，如图 12-2 所示。

AI 虚拟数字人的双录主播功能可以应用于理财销售双录、法人开户双录、合同面签双录等金融服务场景，可以有效降低金融机构的人工成本，提高服务效率和质量，促进金融行业的发展。

除了金融服务行业，未来 AI 虚拟数字人还会有更多的应用场景，如交通、教育、医疗、政务等。未来在诸多行业，聪明体贴的 AI 虚拟数字人将为人们在各个场景提供贴心服务，为人们带来优质、便捷的体验。

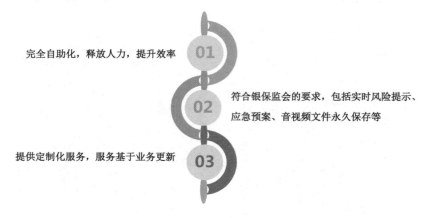

完全自助化，释放人力，提升效率　**01**

02　符合银保监会的要求，包括实时风险提示、应急预案、音视频文件永久保存等

提供定制化服务，服务基于业务更新　**03**

图 12-2　双录主播的优势

12.1.2　聚焦 XR 技术，提供优质的沉浸式内容体验

近年来，随着 5G 不断被商业化，XR 设备展现出了强大发展潜力。根据市场分析机构 IDC 的统计数据显示："2020 年，全球虚拟现实终端出货量约为 630 万台，将在 2024 年超过 7 500 万台，行业增速高达 86%。"

游戏娱乐领域是 XR 设备的重要应用领域，它能为玩家提供高沉浸感和强参与度。玩家的现实世界可以变成游戏的一部分，感受前所未有的游戏体验。

高通技术公司 XR 业务总经理司宏国曾在 2021 年中国数字娱乐与虚拟现实产业大会上预言，XR 的沉浸式游戏体验有望接替手游成为下一个获得巨大成功的智能终端品类。

作为娱乐体验的科技赋能者，高通技术公司注重提升骁龙平台在视觉、音频、交互等 XR 关键技术上的能力，不断推动 XR 产业的发展。例如，先后推出两款针对 XR 设备的平台——骁龙 XR1 平台和骁龙 XR2 平台。其中，骁龙 XR1 是全球首款 XR 专用平台，骁龙 XR2 则是全球首款支持 5G 的 XR 平台。除此之外，高通技术公司还推出了基于骁龙 XR1 平台的 AR 智能眼镜参考设计，该参考设计为一些终端厂商提供了强大的技术支撑。

在硬件成本下降、5G 快速发展、内容不断丰富、新冠病毒肺炎疫情等诸多因素的催化下，XR 行业蓄势待发，多平台合作创新，共同构建的 XR 生态系统已成为行业发展大趋势。

目前，全球已有超过 40 款应用骁龙平台的 XR 设备出现，HTC、Pico、影创科技、爱奇艺智能等企业与高通技术公司合作，共同为用户带来前所未有的 XR 体验。此外，骁龙平台还支持 Google Daydream、微软 XR 等主流 XR 平台，保证用户可以"零壁垒"使用。

高通技术公司还在全球范围内发起了"HMD 加速器计划"和"XR 眼镜适配计划"，目的是推动产业链生产高质量的 XR 头显及加速 XR Viewer 的商用进程，以推动 XR 终端产品的进一步发展。

XR 设备是元宇宙的重要入口，构建 XR 生态系统可以为元宇宙的建设打好底层基础，以加速虚拟与现实的融合。

12.1.3 聚焦动作捕捉及传感器技术，真实连接虚拟与现实

近几年，随着互联网技术的发展，动作捕捉及传感器技术也逐渐赋能各大领域，让现实世界与虚拟世界更紧密联系起来。

基于快速增长的市场需求，虚拟动点公司也加快了对 OptiTrack 动作捕捉系统的研发，让其可以广泛应用于影视制作、游戏、运动科学、医疗等领域。

1. 动作捕捉技术：X 医疗

一家名为 Holosurgical 的数字外科手术公司完成了首例通过光学空间定位和增强现实技术的手术。外科医生用一系列新技术缩短了手术时间，显著优化了颅骨和脊柱神经外科手术过程。

在这场超现实手术中，计算机可以通过 X 光扫描病人的内部骨骼，并将骨骼 3D 图呈现在病人手术部位上方的显示镜中，如图 12-3 所示。因为 OptiTrack 空间定位技术，使显示镜中的虚拟骨骼与病人的实际骨骼精准重合。另外，手术器械、显示设备等也可被实时定位，实现了虚拟与现实的统一。医生佩戴上 3D 眼镜后，骨骼在眼前变得立体且有空间感，因为显示镜中病人骨骼的位置与实际相同，所以医生可以进行实时手术操作。

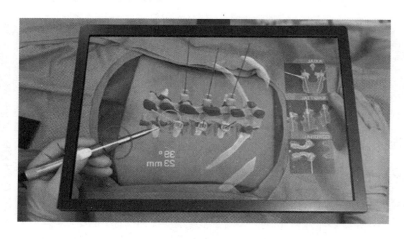

图 12-3　手术显示镜图示

2. 动作捕捉技术：X 运动科学

Gears Sports 公司推出的 Gears Golf 使用了 OptiTrack 动作捕捉技术，可以利用球员身体和球杆运动轨迹，进行精准的动作分析，找出动作不足之处，帮助球员提高技术水平，如图 12-4 所示。

球员将记录运动数据的雷达和基于动作捕捉技术的 Gears Golf 配合使用，能直观地看到 3D 轨迹摄录，了解身体动作、挥杆轨迹等各种详细数据，全方位了解自身不足，从而更细致地优化训练方式。

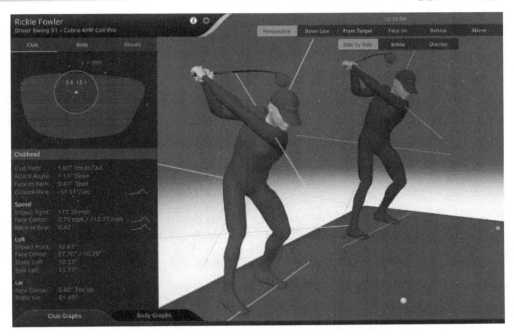

图 12-4　Gears Golf 动作分析

3．动作捕捉技术：X 游戏制作

在制作《使命召唤·现代战争》这款第一人称射击类游戏中，*Infinity Ward* 公司使用了 OptiTrack 动作捕捉技术，让 Barry 与扮演队友的其他演员穿着动作捕捉服装，戴上动作捕捉头盔及面部表情捕捉器，并且用 Marker 标记脸部关键肌肉。拍摄的影棚里架设了 OptiTrack 红外摄像机，可以捕捉 Marker 反射的红外光、演员的动作、面部变化等。

动作捕捉技术缩短了此类写实游戏的开发周期，提升了游戏画面的自然性与流畅性，为摄制组提供了更广阔的发挥空间。

4．动作捕捉技术：X 影视制作

太阳马戏《X 绮幻之境》是一出沉浸式体验奇幻秀的戏剧，整个表演过程融合了中国文化和西方文化，视觉呈现奇幻瑰丽，如图 12-5 所示。

图 12-5　《X 绮幻之境》演出画面

　　《X 绮幻之境》的演出过程运用了三维场景渲染模拟、空间定位、动作捕捉技术、特效合成编辑等多种创新技术，使剧场表演呈现出了奇异、壮丽的视觉效果。《X 绮幻之境》的舞台现场布置着 100 多台 OptiTrack 红外摄像机和追踪标记点，保证空间人物、道具能精准定位。联动播控软件可以对剧场空间和剧场内演员、布景、投影画面进行追踪定位，从而让视频内容、音响、灯光可以跟随演员的动作而运转。

12.2 新商业机会：不同角度存在不同机会

　　长久以来，我们都被自己的思维定式给束缚住了，认为元宇宙单纯是资本与技术的较量，其实不然。元宇宙的覆盖范围很广，其中的机会也很多。我们需要开阔思路，从不同角度寻找和挖掘新商业机会。

12.2.1 聚焦 UGC 内容基因，打造 AI 创作平台

看了众多资本和互联网大厂对元宇宙的角逐，我们也许会问，在元宇宙这个风口上，普通人的机会在哪？

元宇宙有一个特点是去中心化，即没有任何一家公司或平台能对元宇宙形成垄断。在元宇宙中有着海量且丰富的内容，这些内容都来自用户，即元宇宙的 UGC（用户生产内容）模式。普通人入局元宇宙可以从生产内容开始。

现在的一些自媒体平台都采用 UGC 模式，如 B 站、抖音等，其内容产能十分丰富，一些头部创作者的粉丝还会对其内容进行二次创作，保证了内容供应。

元宇宙的体量更为庞大，用户甚至可以以亿为单位。届时，内容需求、创作方向、粉丝体量、细分领域都会变多，优质内容显然就是普通人发家致富的第一突破口。加之，区块链等技术的发展对版权保护的增强，会进一步减少盗版、复制等现象，内容的价值会更高，创作者的收入也会更可观。

得内容者得天下。想要抓住元宇宙的风口，就要产出更多好内容。仅借助个人创作显然是无法完成的。因此，在未来借助 AI 创作提升创作效率将是内容创作的一大趋势。那么 AI 是如何提升创作效率的呢？

1. 内容构思

在只有创作灵感，作品无法成行时，创作者可以通过与 AI 互动，调取过往的案例引导整体思路，形成完整的创作构思。例如，创作者想拍一部某游戏人物滑稽动作的短视频，可以告知 AI，让它找出游戏中有哪些匹配的场景，针对这些素材，创作者就可以快速构思出剧情。创作者还可以通过 AI 分析出目标群体的音乐喜好，以此构思配乐。

2. 内容加工

创作者可以将自己的构思告诉 AI，AI 可以自动剪接素材，生成许多不同风格的 Demo（作品小样）供创作者选择。创作者根据生成的 Demo 选择合适的进行微调即可完成的内容加工，大大简化了加工过程。例如，创作者想写一篇关于黄河沿岸的风景游记，就可以重点从自然景观入手。AI 能根据黄河的环境特点、植被素材、流经区域等生成几篇初稿供创作者选择与微调。

3. 内容上传

创作者可以通过 AI 将作品按照不同平台的要求发布。例如，知乎的风格偏向专业化和学术化，而今日头条的风格偏向娱乐化，AI 在发布文章时就可以把将要发在知乎上的文章修改得更专业化，把将要发在今日头条上的文章修改得更通俗易懂。

4. 内容传播

AI 可以通过大数据分析出内容要点与读者兴趣点，然后将二者进行关联，优化智能推荐的准确性。

5. 内容收益

通过 AI 将内容自动进行多次创作，创作者能实现反复收益，从而实现创收。

12.2.2 聚焦消费体验，打造元宇宙购物、娱乐新场景

元宇宙对现实世界最直接的影响就是提升我们的工作效率和生活效率。因此，元宇宙中最重要的发展方向便是关注用户体验，打造新的生活场景，使人们的生活充满新颖的体验。

人工智能软件公司商汤科技 SenseTime 联合越秀集团打造了首个大型 AR 实景应用 AR Show，在广州西部购物中心悦汇城正式上线。

随着人们生活的日渐丰富，购物中心不再只有购物这一个功能，而是需要满足顾客各种需求的业态综合体。这也给许多购物中心的经营带来了挑战，如何差异化顾客体验，如何有效设计导流，成为购物中心能否持续发展的关键。

元宇宙的出现为零售行业打开了营销新路径。在 AI、AR 等技术的创新驱动下，可以创造出更多的内容呈现和交互方式，营销内容与空间实景跨次元连接，吸引了顾客的好奇心，助力品牌获客、留客。

商汤科技与越秀集团打造的是以冰雪世界为主题的元宇宙场景，整个购物中心从内到外"焕然一新"。顾客进入购物中心便能享受一场奇幻的沉浸式消费之旅，顾客从不同的门进入能看到不同的 AR 奇景，如盘旋于空中的冰龙、夹道欢迎的冰雕动物等，如图 12-6 所示。中庭蝶舞广场还有壮观的冰雪城堡，是整个虚拟现实场景的中心。这样奇特的体验，让每一位新老顾客都驻足惊叹，尽情游览。

图 12-6　AR 景观

多样的 AR 空间互动实现了聚客和冷热区导流，各种营销玩法串联可以把顾客导流到指定商户完成转化。例如，定时出现的 AR 红包雨，颠覆了传统的"抢红包"体验，给人红包从真实空间掉落的新鲜感。AR 打卡集图活动把虚拟卡片隐藏在真实场景中，顾客前往特定地点才能收集卡片，获得奖品，调动了顾客探索欲和积极性，引导顾客的游览路线。当顾客通过 AR 导航来到店铺门口时，还会出现 AR 广告，展示店铺活动。这样的曝光比起大屏广告，更增加了友好度，让顾客更容易接受。

从引客、聚客、散客、导流到店面转化，商汤科技和越秀集团的合作挖掘出了购物中心的空间营销价值，成功推动 AI+AR 技术为商业营销赋能。目前，商汤科技正在构建无处不在的元宇宙入口，优化内容，激活潜在流量，为线下零售行业的营销开辟新方向。

随着元宇宙与现实生活不断交融，人们将拥有更多、更丰富、更新颖的互动体验。这些新颖的互动体验有助于营造商业营销差异化，进一步提升品牌竞争力。

12.2.3 聚焦虚拟数字人应用，推动虚拟数字人普及

新冠病毒肺炎疫情让全球经济陷入不确定性中，同时也让各行业的数字化和智能化明显提速。人工智能不断融入各行各业，如今，在生活的许多场景中都能看到虚拟数字人的身影。

由于抗疫需要，AI 测温、AI 问诊、服务机器人等应用开始在大众普及。在后疫情时代，AI 也进一步与交通、制造、农业等产业结合，促进社会经济发展。另外，远程办公、在线教育等模式成为众多行业的新常态，逐渐深入大众生活。

让虚拟数字人像人一样具备思考能力，需要结合知识图谱和深度学习等技术，让 AI 具备持续学习能力。以此为基础，再结合 3D 建模、情绪识别等技术，可以打造出更贴心的虚拟数字人，其不仅可以看、听、说，甚至还能像人一样交流。随着虚拟数字人的生产门槛进一步降低，虚拟数字人有望实现大规模在互联网、金融、医疗、媒体等行业，给用户带来千人千面的服务。

1. 虚拟数字人+影视

特效电影广受市场认可，"虚拟数字人+影视"类产品也展现出了广阔的市场前景，数字替身被广泛应用在影视作品中。影视行业的优势是能影响社会认知虚拟数字人的形象和品牌，让其可以更快被传播，并被大众所认可。

2. 虚拟数字人+游戏

随着游戏市场的不断发展，玩家们对优质作品的需求日益增长，这也是虚拟数字人在该领域落地的福音。虚拟数字人技术能够简化游戏动画制作过程，在有限成本下给更多游戏人物赋予更丰富的肢体动作和精细的面部表情，提升玩家的游戏体验。

3. 虚拟数字人+文旅

虽然现在虚拟数字人在文旅领域还没有落地产品，但相关概念产品已经出现在大众视野中，如虚拟讲解员、互联网旅游、虚拟旅游等。虚拟数字人不仅可以解决文旅场馆人力不足的问题，还可以凭借展示效果多样化的特点，赋予文旅行业更多的可能性。

12.3 聚焦细分领域：不同的行业如何抓住机会

资本的入局，互联网企业的探索，虚拟数字人应用的逐渐落地等都激发了人们对于元宇宙的无限畅想，也使得元宇宙成为市场关注的风口。那么，对于不同行业来说，应该如何抓住机会进入元宇宙领域呢？对此，我们可以遵循底层逻辑，把握行业抓手，扬长避短，从自身优势出发探索元宇宙。

12.3.1 底层逻辑：元宇宙的核心吸引力在于满足用户需求

如今，物质文明的增长已经满足不了许多人日益增长的精神需求，人们需要更强烈的感官刺激，所以把目光投向了虚拟世界。而更真实、便捷、多样和高效的元宇宙显然对用户有着莫大的吸引力，它可以满足用户在现实世界里无法达成的更多样、更高效的体验需求。

腾讯公司首席执行官马化腾曾表示，元宇宙最有吸引力的一点是用户体验，用户希望参与虚拟世界的研发建设中，所以元宇宙的策略应该由软件驱动，而不是硬件驱动。对此，腾讯已经有了相关产品，如 UGC、PGC 工具、社区服务器等。腾讯基于自身游戏和社交媒体的基础，像搭积木一样探索元宇宙，从而实现虚拟世界和真实世界互动，为现有社交网络赋能。

马化腾曾在腾讯的年度特刊《三观》中提到"全真互联网"的概念，这一概念与元宇宙有异曲同工之妙，都是要利用 VR 等新技术、新硬件和软件，链接虚拟世界和真实世界，帮助人们实现更真实的虚拟体验。

不管是虚拟数字人、VR 眼镜，还是去中心化的内容平台，都应该将提升人们现有的生活体验，满足用户需求作为开发原则。需求分析是任何产品在开发过程中必不可少的，它可以帮助企业明确发展方向，让产品更具吸引力。同样，元宇宙也是如此，一个能吸引所有人进入的虚拟世界应该是贴心、方便，甚至无所不能的，这是元宇宙最大的魅力，也是参与者的研究方向。

12.3.2 行业抓手：硬件侧+内容侧+金融交易侧

当下，笔者认为可以从三个维度入局元宇宙，即硬件侧、内容侧和金融交易侧。不同行业可以根据自身的优势选择不同的赛道。

1．硬件侧

AR/VR 是元宇宙从概念走向现实的必经阶段。VR 技术让用户在虚拟世界中获得更真实、具体的体验，AR 技术则让虚拟世界与现实世界融合得更紧密。因此，元宇宙的发展也代表着 AR/VR 行业的崛起。

技术的成熟通常伴随着产品价格的下调，未来的 AR/VR 设备应该是大众消费品。但实现这一目标需要一个漫长的过程，这也证明了目前 AR/VR 行业隐藏着利润。

全球 AR/VR 市场规模可近千亿美元。根据 IDC 的统计，2020 年，全球 AR/VR 市场规模约 900 亿美元，其中，VR 市场规模 620 亿美元，AR 市场规模 280 亿美元。中国信通院预测全球虚拟现实产业规模 2020—2024 的年均增长率约为 54%，其中，VR 增速约 45%，AR 增速约 66%，2024 年二者市场规模均将接近 2 400 亿美元。可见 AR/VR 的发展潜力。

为什么投资者需要重点关注 AR/VR，而非区块链、人工智能等计算机技术呢？这是因为人工智能、区块链等技术的存在是为了强化产品，如服务器、信息分析系统、信息记录系统等。而 AR/VR 是以全新且独立的产品形态而存在的，不必依附其他产品。也可以说，AR/VR 设备是元宇宙时代的一个标志性设备，未来也许会像手机一样成为主流。而率先掌握这项技术的企业，便能先人一步在元宇宙中占据主动地位。

2．内容侧

Roblox 作为元宇宙第一股，构建了元宇宙内容生态的雏形。Roblox 是一个集游戏创作、在线游戏、社交互动于一身的平台，玩家可以通过平台提供的引擎开发游戏获利，可以在多个平台上即点即玩参与游戏，可以和好友聊天，一起玩游戏，举办聚会。Roblox 的整个内容生态都是以玩家为主导的，辅以沉浸式体验和丰富的社交场景，与元宇宙的概念非常接近。

Roblox 在 2021 年 3 月上市，首日股价比发行价上涨 54%。截至 2021 年 10 月，Roblox 的股价上涨了 73%，市值高达 447 亿元，可见各路资本对其看好。

内容是元宇宙的重要组成部分。没有内容，元宇宙就无法满足用户需求，也就没有吸引力。可以说，未来能拥有海量内容，提前构建元宇宙内容生态的企业，便是提前掌握了元宇宙的流量密码。

3. 金融交易侧

经济系统的构建是建设元宇宙必不可少的一环，是人们能实现在元宇宙中生活的基础。而为元宇宙经济提供底层支持的 NFT，也迎来了前所未有的爆发。2021 年第一季度，NFT 的整体市值为 127 亿美元，交易规模为 7.54 亿美元，而在 2020 年，NFT 的整体市值仅有 3.38 亿美元。

除此之外，数字货币、虚拟土地、数字艺术品等交易领域开始风生水起，越来越多的人意识到了这些数字资产的价值，开始把数字资产作为资产配置的一部分。在未来，随着区块链、NFT 等技术实现对数字资产确权，这些无实物的数字资产还会更多，而且会更有价值。

12.3.3 扬长避短：硬件技术缺失，以内容入局元宇宙

技术型公司可以靠创新技术入局元宇宙，那么非技术型公司又该如何抓住元宇宙的发展机遇呢？答案就是做内容分发平台，丰富硬件设备的内容生态。

以 VR 行业为例，内容分发平台之间的竞争一点都不比硬件销售来得少，下面介绍几个主流的内容分发平台。

1. SteamVR

SteamVR 平台是 Valve 公司聘请布拉姆·科恩开发设计的游戏平台，玩家可以在该平台购买、下载、上传、讨论游戏和软件。

SteamVR 支持所有 Valve 出品的游戏和第三方 mod（游戏模组）。该平台还有 VAC 反作弊系统，玩家在连接 Source 引擎游戏时，服务器将自动检测 VAC 是否加载。这个系统会永久禁止作弊玩家进入开启 VAC 系统的服务器，以营造良好的平台生态。

2. HTC Viveport M

HTC Vive 推出了移动 VR 应用商店 Viveport M。与 SteamVR 不同，Viveport M 平台上除了游戏，还有大量的视频应用。Viveport M 适用于大部分 Android 手机设备，无论玩家是否进入 VR 模式，都能在 Viveport M 体验到优质的移动 VR 应用和 360° 视频内容。

3. Oculus Home

Oculus 在 "Step into the Rift" 发布会上，推出了集游戏、视频、社交、应用商店于一体的 VR 内容分发平台 Oculus Home。用户不仅可以在 Oculus Home 上观看 Netflix 影片，还可以欣赏电视转播等内容。Oculus 还为其加入了 Oculus Social Alpha 社交应用，用户可以在 Oculus Home 创建个人账户，与好友社交。

与 VR 内容分发平台一样，元宇宙也需要类似的内容分发平台来整合内容。想要构建元宇宙，硬件与内容缺一不可。这其中的发展路径和机遇还需要我们继续探索。元宇宙是一场全行业的革命，每个行业都不能置身事外，也意味着每个行业都有机会。

后　记

　　整体来看，元宇宙的体系和产业链十分复杂，涉及的领域也十分广泛。在当前技术不够成熟、产品定义不够成熟、内容生态不够完善的大背景下，元宇宙的形成和发展还有很长的路要走。但对诸多企业而言，元宇宙是挑战，也是机会，元宇宙相关技术不断发展、产业不断融合是大势所趋，在各行业企业的携手共进下，元宇宙终有一天会成为现实。

　　书不尽言，路在脚下，一起加油。

作　者

2021 年 11 月

读者调查表

尊敬的读者:

　　自电子工业出版社工业技术分社开展读者调查活动以来,收到来自全国各地众多读者的积极反馈,他们除了褒奖我们所出版图书的优点外,也很客观地指出需要改进的地方。读者对我们工作的支持与关爱,将促进我们为您提供更优秀的图书。您可以填写下表寄给我们(北京市丰台区金家村 288#华信大厦电子工业出版社工业技术分社　邮编:100036),也可以给我们电话,反馈您的建议。我们将从中评出热心读者若干名,赠送我们出版的图书。谢谢您对我们工作的支持!

姓名: ＿＿＿＿＿＿＿　　性别:□男　□女　　年龄: ＿＿＿＿＿＿　　职业: ＿＿＿＿＿＿＿

电话(手机): ＿＿＿＿＿＿＿＿　　E-mail: ＿＿＿＿＿＿＿＿＿＿＿＿＿＿＿

传真: ＿＿＿＿＿＿＿　通信地址: ＿＿＿＿＿＿＿＿＿＿＿　邮编: ＿＿＿＿＿＿＿

1. 影响您购买同类图书因素(可多选):

□封面封底□价格　　　　□内容提要、前言和目录　　□书评广告　□出版社名声

□作者名声□正文内容□其他＿＿＿＿＿＿＿＿＿＿＿＿＿＿＿＿

2. 您对本图书的满意度:

从技术角度　　　　　　□很满意　　　□比较满意□一般　　□较不满意□不满意

从文字角度　　　　　　□很满意　　　□比较满意□一般　　□较不满意□不满意

从排版、封面设计角度　□很满意　　　□比较满意□一般　　□较不满意□不满意

3. 您选购了我们哪些图书?主要用途?　＿＿＿＿＿＿＿＿＿＿＿＿＿＿＿＿＿

4. 您最喜欢我们出版的哪本图书?请说明理由。

＿＿＿＿＿＿＿＿＿＿＿＿＿＿＿＿＿＿＿＿＿＿＿＿＿＿＿＿＿＿＿＿＿＿＿

5. 目前教学您使用的是哪本教材?(请说明书名、作者、出版年、定价、出版社),有何优缺点?

＿＿＿＿＿＿＿＿＿＿＿＿＿＿＿＿＿＿＿＿＿＿＿＿＿＿＿＿＿＿＿＿＿＿＿

6. 您的相关专业领域中所涉及的新专业、新技术包括:

＿＿＿＿＿＿＿＿＿＿＿＿＿＿＿＿＿＿＿＿＿＿＿＿＿＿＿＿＿＿＿＿＿＿＿

7. 您感兴趣或希望增加的图书选题有:

＿＿＿＿＿＿＿＿＿＿＿＿＿＿＿＿＿＿＿＿＿＿＿＿＿＿＿＿＿＿＿＿＿＿＿

8. 您所教课程主要参考书?请说明书名、作者、出版年、定价、出版社。

＿＿＿＿＿＿＿＿＿＿＿＿＿＿＿＿＿＿＿＿＿＿＿＿＿＿＿＿＿＿＿＿＿＿＿

邮寄地址: 北京市丰台区金家村 288#华信大厦电子工业出版社工业技术分社

邮编: 100036　　电话: 18614084788　　E-mail: lzhmails@phei.com.cn

微信 ID: lzhairs/ 18614084788　联系人: 刘志红

电子工业出版社编著书籍推荐表

姓名		性别		出生年月		职称/职务	
单位							
专业				E-mail			
通信地址							
联系电话				研究方向及教学科目			

个人简历（毕业院校、专业、从事过的以及正在从事的项目、发表过的论文）

您近期的写作计划：

您推荐的国外原版图书：

您认为目前市场上最缺乏的图书及类型：

邮寄地址：北京市丰台区金家村 288#华信大厦电子工业出版社工业技术分社
邮编：100036　电话：18614084788　E-mail：lzhmails@phei.com.cn
微信 ID：lzhairs/18614084788　联系人：刘志红